# ASCENDANTS ET DESCENDANTS

DE

TRÈS HAUT ET TRÈS PUISSANT SEIGNEUR

## ANTOINE-LOUIS CROZAT, BARON DE THIERS

ET DE

TRÈS HAUTE ET TRÈS PUISSANTE DAME

## LOUISE-AUGUSTINE DE MONTMORENCY-LAVAL

Son Épouse.

# ASCENDANTS ET DESCENDANTS

DE

## TRÈS HAUT ET TRÈS PUISSANT SEIGNEUR

# ANTOINE-LOUIS CROZAT, BARON DE THIE

COMTE DE BEAUMANOIR ET DE VIGNORY, SEIGNEUR DE MONTCORNET, THUGNY, TRUGNY, SEUIL, AMAGNE,

SAINT-GOBERT ET AUTRES LIEUX,

BRIGADIER DES ARMÉES DU ROY, LIEUTENANT GÉNÉRAL DE LA PROVINCE DE CHAMPAGNE AU BAILLIAGE DE REIMS,

ET DE

## TRÈS HAUTE ET TRÈS PUISSANTE DAME

# LOUISE-AUGUSTINE DE MONTMORENCY-LA

### Son Épouse

PAR M. LE VICOMTE DE BREUIL

REIMS

IMPRIMERIE COOPÉRATIVE (N. MONCE, Dir.)

1893

# NOTES

## sur les Ascendants de Louis-Antoine CROZAT, baron de THIERS.



Antoine I<sup>er</sup> CROZAT, seigneur de Préserville et de Bartecave, capitoul de Toulouse en 1674, eut
femme Jeanne CARDON. Leur fils fut :

Antoine II CROZAT, marquis du Châtel, né à Toulouse en 1655. Antoine fut l'un des plus grands
ciers de la fin du règne de Louis XIV. Après avoir été successivement receveur général du clergé et
rier des États du Languedoc, il devint trésorier de l'ordre du Saint-Esprit en 1715, après la mort de l'a
général Chauvelin. Il se démit de cette charge en 1724 (1).

Antoine II Crozat fut chargé par Louis XIV, qui connaissait sa haute intelligence, de coloniser la
siane, nouvellement découverte par La Salle, gouverneur du Canada. Pour l'encourager dans cette n
mais difficile entreprise, le roi, par lettres patentes datées du 14 septembre 1712, lui accorda un priv
exclusif pour faire seul le commerce de toutes les terres possédées par Sa Majesté, et bornées par le
veau-Mexique et les possessions anglaises de la Caroline. Du reste, M. Crozat ne posséda ce privilège exc
que jusqu'en 1717, le roi ayant alors, par édit du mois d'août, établi la Compagnie d'Occident.

Vers 1720, Antoine II Crozat acquit du prince de Ligne, marquis de Moy, la terre de Thugny, si
près de Rethel. (Cette terre appartient actuellement au comte de Chabrillan, qui descend d'Antoine C
par sa fille aînée, la comtesse de Béthune.)

En 1690, Antoine II Crozat épousa Marguerite Le GENDRE d'ARMÉNY, fille de François Le Ge
d'Armény et de Marguerite Le Roux.

Antoine mourut à Paris le 11 juin 1738, dans sa 83<sup>e</sup> année, et sa femme dans sa maison de Clich
Garenne en 1742 (2).

De leur mariage sont nés :

1° Louis-François CROZAT, marquis du Chatel, seigneur de Kéroual, fut colonel des dragon
Languedoc, brigadier le 20 février 1734, lieutenant-général le 2 mai 1744, commandeur et grand'croi
l'ordre de Saint-Louis. Il avait épousé, par contrat du 5 septembre 1722, Marie-Thérèse-Cathe
GOUFFIER de HEILLY, fille de Charles-Antoine Gouffier de Heilly, mort à 33 ans, des blessures reçu
Ramillies, et de Catherine-Angélique d'Albert de Luynes, morte le 12 septembre 1746.

Louis-François mourut le 30 janvier 1750. De son mariage, il avait eu quatre enfants :

*A)* Antoinette-Eustachie CROZAT, née le 25 octobre 1727, † à Paris le 16 avril 1747; épous
21 janvier 1744, Charles-Antoine-Armand de GONTAUT-BIRON, marquis puis duc de GONTAUT,
quième fils de Charles-Armand de Gontaut, duc de Biron, pair et maréchal de France, et de Marie-Anto
de Boutru de Nogent. Ils n'eurent qu'un fils, Armand-Louis de Gontaut, duc de Lauzun, puis duc de Bi
qui épousa en 1766 Amélie de Boufflers, et fut exécuté en 1793 sur l'échafaud révolutionnaire. (Pas d'enfa

---

(1) Ces renseignements sur la famille Crozat ont été tirés, en grande partie, d'un ouvrage fait sur les seigneur
Thugny, par M. l'abbé Lannois, curé de Thugny.

(2) Le testament du seigneur Antoine Crozat a été reçu le 20 juillet 1737, par M<sup>e</sup> Desplassex, notaire à Pari
insinué par M<sup>e</sup> Thierry le 29 août 1738, et celui de dame Crozat est du 25 août 1742, et se trouve en l'étude de M<sup>e</sup> Le
notaire, boulevard Saint-Denis, à Paris. (M<sup>e</sup> Desplassex a pour successeur actuel M<sup>e</sup> Georges Bertrand, rue d
Chaussée-d'Antin, 60.)

*B)* Flore-Rosalie CROZAT, née à Paris; baptisée paroisse Saint-Roch, 19 avril 1730. Sans alliance.

*C)* Pierre-Louis CROZAT, baptisé paroisse Saint-Roch, 20 juillet 1733. Sans alliance.

*D)* Louise-Honorine CROZAT, baptisée paroisse Saint-Roch le 28 mars 1737; épousa, le 12 décembre ), Étienne-François, duc DE CHOISEUL, ministre du roi Louis XV, né le 28 juin 1719, † sans enfant.

2° Joseph-Antoine CROZAT, né à Toulouse en 1696, mort à Paris, sans enfant, après 1750. Il fut seiller au Parlement de Toulouse, puis à celui de Paris, maitre des requêtes, lecteur du cabinet du Roy 1719. Il épousa, le 17 mars 1725, Michelle-Catherine AMELOT DE GOURNAY, fille de Charles Amelot, sident à mortier au Parlement de Paris, et de Marguerite-Pélagie Danican de l'Espine.

Joseph-Antoine est connu dans les Mémoires de l'époque sous le nom de président de Thugny, du nom cette terre qu'il habitait.

Il forma la plus célèbre collection de tableaux, gravures et objets d'art qui ait existé à cette époque.

3° **LOUIS-ANTOINE CROZAT**, baron **DE THIERS**, dont l'article suivra.

4° Pierre CROZAT, capitaine de cavalerie.

5° Marie-Anne CROZAT, qui épousa, le 12 avril 1717, Henri-Louis DE LA TOUR-D'AUVERGNE, nte d'ÉVREUX, colonel général de la cavalerie légère de France, lieutenant général des armées du Marie-Anne est morte à Paris, sans enfant, le 11 juillet 1729, à l'âge de 34 ans.

A la mort d'Antoine II Crozat et de sa femme, ses biens immenses furent partagés entre ses enfants. Il ne restait à cette époque que :

1° Louis-François, marquis DU CHATEL, qui eut le marquisat de Moy, etc., mort en 1750.

2° Joseph-Antoine, connu sous le nom de président de Thugny, qui eut les terres de la Faulche, Sex-taines, Vignon, etc., † sans enfant, après 1750.

3° LOUIS-ANTOINE, qui eut la baronnie de Thiers en Auvergne, la seigneurie de Thugny en Rethé-s, etc.

Comme nous le verrons, Louis-Antoine épousa Louise-Augustine de Montmorency-Laval. Quoique les toires de la Maison de Montmorency se trouvent dans toutes les bibliothèques de France, nous donnons notice suivante, qui pourra être utile (surtout à ceux de ses descendants qui n'habitent pas la France) ur savoir à quelle branche de cette illustre maison appartenait la baronne de Thiers.

---

# FILIATION

## de la Maison DE MONTMORENCY

ce qui concerne les Ascendants de Louise-Augustine DE Montmorency-Laval, femme de Louis-Antoine CROZAT, baron DE THIERS (1).

*Premier degré.* — BOUCHARD Iᵉʳ DE MONTMORENCY épousa ILDEGARDE, fille de Thibaut Iᵉʳ, comte Chartres et de Blois.

*Deuxième degré.* — BOUCHARD II épousa la veuve de Hugues BASSET.

*Troisième degré.* — BOUCHARD III, frère cadet d'Albéric le Connétable, dont la branche s'éteignit en 1130.

*Quatrième degré.* — HERVÉ, grand bouteiller de France, épousa AGNÈS, fille de Guillaume Busac, mte de Soissons.

*Cinquième degré.* — BOUCHARD IV épousa Agnès DE BEAUMONT-SUR-OISE.

---

(1) Tirée de l'*Histoire de la Maison de Montmorency*, par Duchêne, et de la *Généalogie des Grands Officiers de la uronne*, par le Père Anselme.

*Sixième degré.* — MATHIEU Iᵉʳ, connétable, épousa : 1° ALINE, fille de Henri Iᵉʳ, roi d'Angleter
2° en 1141, ALIX DE SAVOIE, veuve de Louis VI, roi de France.

Du premier mariage :

*Septième degré.* — BOUCHARD V épousa LAURENCE DE HAINAUT, fille de Baudoin III, comte de Hair
et d'Alix de Namur, qui descendait de Charlemagne par sa mère Ermengarde. Laurence de Hainaut é
tante d'Isabelle de Hainaut, femme de Philippe-Auguste.

*Huitième degré.* — MATHIEU II, dit le grand Connétable, qui était grand-oncle, oncle, beau-frère, n
et petit-fils de deux empereurs, de six rois, et allié à tous les souverains de l'Europe. Il épousa : 1° GERTR
DE NEELE, fille du comte de Soissons, † 26 septembre 1220 ; 2° en 1221, EMME DE LAVAL, héritière
maison de Laval et veuve du comte d'Alençon, prince du sang.

C'est à partir de MATHIEU II que la Maison de Montmorency se divise en ses deux grandes branc
très illustres toutes deux : celle des MONTMORENCY proprement dits, qui descend de Bouchard VI, fil
Mathieu II et de Gertrude de Neele, et celle des MONTMORENCY-LAVAL, qui descend de Guy de Mont
rency, fils de Mathieu II et d'Emme de Laval.

*Neuvième degré.* — GUY DE MONTMORENCY prit le nom de GUY VII DE LAVAL et brisa les armes
Montmorency en ajoutant « cinq coquilles d'argent sur la croix ». Il épousa PHILIPPE DE VITRÉ, fille un
d'André de Vitré et de Catherine de Bretagne. Catherine de Bretagne était sœur d'Arthur de Bretagne (as
siné à Rouen en 1203, par son oncle Jean-sans-Terre) et d'Alix, duchesse de Bretagne. A défaut de des
dance d'Alix, le duché de Bretagne fut revenu à celle de sa sœur et de Guy VII. Guy VII fut l'un des
braves et puissants chevaliers de son temps, et mourut en 1267. Il laissait :

*Dixième degré.* — GUY VIII DE MONTMORENCY, seigneur de Laval, Vitré, Loué, etc., comte
Caserte au royaume de Naples, † 1296. Il épousa : 1° YSABEAU DE BEAUMONT ; 2° JEANNE DE BRIEN
dite DE BEAUMONT ou D'ACRE, petite-fille de Jean de Brienne, roi de Jérusalem, et de sa seconde fem
Bérengère de Castille, nièce de Blanche de Castille, reine de France.

Le fils aîné de Guy VIII et de sa première femme Ysabeau de Beaumont fut Guy IX, auteur d
branche aînée des Montmorency-Laval, branche illustre par ses alliances avec les ducs de Bretagne et
maisons royales de Naples et d'Aragon.

Cette branche fournit une foule de personnages célèbres, entre autres : le maréchal de Lohéac ; le
réchal de Rais (qui donna lieu à la fameuse légende de *Barbe Bleue*) ; Jeanne de Laval, qui épousa le 24
1424 Louis de Bourbon, comte de Vendôme, et fut ainsi bisaïeule de Henri IV, etc.

Le dernier de cette branche aînée des Montmorency-Laval fut tué en 1605, dans les guerres de Hong

De JEANNE DE BRIENNE, sa seconde femme, GUY VIII eut :

*Onzième degré.* — ANDRÉ DE MONTMORENCY-LAVAL, † 1356, seigneur de Châtillon-en-Vande
d'Aubigné, de Loué, etc. Il épousa EUSTACHE DE BEAUSSAY, fille aînée de Hugues le Grand, seigneur
Beaussay, dont il eut :

*Douzième degré.* — 1° JEAN DE MONTMORENCY-LAVAL, qui épousa YSABEAU DE TINTÉNIAC. Leur
unique épousa : 1° le connétable DU GUESCLIN, dont elle n'eut pas d'enfants ; 2° son cousin GUY XII, d
branche aînée.

*Douzième degré.* — 2° GUY DE MONTMORENCY-LAVAL, premier de sa branche, seigneur de Lo
† 7 juin 1386. Il épousa JEANNE, héritière DE POMMEREU, dont il eut :

*Treizième degré.* — THIBAUD DE MONTMORENCY-LAVAL, seigneur de Loué, † 1433, conseiller
chambellan de Charles VI. Il épousa JEANNE DE MAILLÉ, dont il eut :

*Quatorzième degré.* — 1° GUY DE MONTMORENCY-LAVAL II, seigneur de Loué, grand chambell
grand veneur de René, roi de Naples, grand sénéchal et gouverneur d'Anjou, † 19 décembre 1484
épousa CHARLOTTE DE SAINTE-MAURE, fille de Jean de Sainte-Maure, seigneur de Neele, et de Jean
des Roches.

*Quatorzième degré.* — 2° THIBAUD DE MONTMORENCY-LAVAL, tige des MONTMORENCY-BOISDAUPHIN, qui
t fourni un maréchal de France. Cette branche s'est éteinte en 1672.

Les enfants de Guy et de Charlotte de Sainte-Maure furent entre autres :

*Quinzième degré.* — 1° PIERRE DE MONTMORENCY-LAVAL, auteur de la branche devenue aînée, et
nt les dernières descendantes du nom épousèrent : l'une, en 1817, le marquis DE LÉVIS-MIREPOIS, et
utre (sœur de la première), en 1828, le marquis DE COURONNEL.

*Quinzième degré.* — 2° RENÉ DE MONTMORENCY-LAVAL, † 1498, seigneur de la Faigne, épousa à
gueil, le 11 février 1494, ANTOINETTE DE HAVART, † 1526, fille de Georges de Havart, seigneur de la
zière, de la Puisaye, Gémages, la Coudraye, Argueil, vicomte de Dreux, sénéchal héréditaire du Perche,
., etc., et d'Antoinette d'Estoutéville, dame d'Ansebost, de Cernon, de Montigny, dont il eut :

*Seizième degré.* — RENÉ II DE MONTMORENCY-LAVAL, qui naquit au château de Monsabert, en 1495,
gneur de la Faigne, de Ver, de la Rozière, de Montigny-sur-Avre, de la Puisaye, se distingua à la bataille
Marignan, et épousa, vers 1516, MARIE DE BUSSU, fille et héritière d'Artus de Bussu, seigneur de Bussu,
rtigny, Auvilliers, etc., et de Magdeleine de Doncquierre. René mourut au château de Maillé, en 1532, et
t inhumé en l'église de la Puisaye, près Verneuil. Il laissait :

*Dix-septième degré.* — HUGUES DE MONTMORENCY-LAVAL, né en 1524, † 1574, seigneur de Tartigny,
Aveluys, de Fresnoy-le-Samson, chevalier de l'ordre du Roi, habitait la seigneurie de Montbaudry, près
rneuil; il épousa, le 29 septembre 1547, MARIE DE MÉZIÈRES, fille de Jacques de Mézières et de Marie
Trousseauville. Ils eurent :

*Dix-huitième degré.* — JEAN DE MONTMORENCY-LAVAL, émancipé en 1557, seigneur de Tartigny,
eluys, Montbaudry, Montigny-sur-Avre, etc., † 29 septembre 1615, et inhumé à Montigny-sur-Avre. Il fut
evalier de l'ordre du Roy, capitaine de 50 hommes d'armes, et épousa, le 18 février 1577, CLAUDE DE
RUNELÉ, fille d'André de Prunelé, chevalier, seigneur de Gazeran, et de Marguerite Le Veneur.
eurent :

*Dix-neuvième degré.* — 1° GABRIEL DE MONTMORENCY-LAVAL, né à Montigny-sur-Avre, le 1er mai
88, seigneur de la Faigne, Tartigny, Aveluys, Gournay-le-Guérin, etc., † 14 mai 1664, et inhumé à Gour-
y-le-Guérin. Il épousa, le 14 décembre 1609, ANNE VIOLE, fille de Pierre Viole, seigneur d'Athis, président
Parlement.

*Dix-neuvième degré.* — 2° HUGUES DE MONTMORENCY-LAVAL, auteur d'une branche dite DE LAVAL-
ONTIGNY, qui fournit FRANÇOIS DE LAVAL, premier évêque de Québec. Cette branche s'éteignit au commen-
ment du XVIIIe siècle.

Gabriel de Montmorency-Laval et Anne Viole eurent :

*Vingtième degré.* — THOMAS DE MONTMORENCY-LAVAL, baron de la Faigne, seigneur de Tartigny,
eluys, Gournay-le-Guérin, etc., épousa, le 1er février 1636, LOUISE DE VALLÉE, fille d'Étienne de Vallée,
gneur de Pécheray, et de Marie du Raynier de Droué. Thomas de Laval mourut le 27 juin 1651, assassiné
r le précepteur de ses enfants, qui fut pendu. Il laissait :

*Vingt et unième degré.* — 1° CHARLES DE MONTMORENCY-LAVAL, né en 1632, inhumé le 16 mars
09, en l'église de Gournay-le-Guérin, seigneur de la Faigne, Gournay-le-Guérin, etc., épousa le 19 mars
68, en l'église de Saint-Jean en Grève, LOUISE LE MUSNIER DE RUBELLES, fille du premier président
Parlement de Metz.

*Vingt et unième degré.* — 2° GABRIEL DE MONTMORENCY-LAVAL, † 1723, auteur d'une branche qui a
urni un maréchal de France, et qui s'est éteinte en 1844.

Charles de Montmorency-Laval et Louise le Musnier laissèrent :

*Vingt-deuxième degré.* — CLAUDE-CHARLES DE MONTMORENCY-LAVAL, seigneur de Gournay-le-Guérin,
enrebrun, etc., dit marquis DE LAVAL, chevalier d'honneur de Madame la duchesse d'Orléans. Claude-
arles, † en 1743, avait épousé, le 29 juillet 1699, MARIE-THÉRÈSE DE HAUTEFORT, † 1er avril 1753, fille

de Gilles, marquis de Hautefort et de Surville, lieutenant-général des armées du roi, et de Marthe d'E
tourmel de Surville. Ils eurent deux enfants :

*Vingt-troisième degré.* — 1° Guy-Louis-Charles de MONTMORENCY-LAVAL, marquis de Laval, se
gneur de Gournay-le-Guérin, Chennebrun, etc., aussi chevalier d'honneur de Madame la duchesse d'Or
léans. Il épousa Adélaïde-Louise-Salbigothon d'ESPINAY SAINT-LUC (1), dont il eut une fille uniqu
Louise-Adélaïde-Philippine, née en 1731, † religieuse à la Ville-l'Évêque, en 1757.

*Vingt-troisième degré.* — 2° LOUISE-AUGUSTINE de MONTMORENCY-LAVAL
née en 1702, épousa, le 19 décembre 1726, ANTOINE-LOUIS CROZAT, baron DE THIERS

(1) La marquise de Montmorency-Laval, née d'Espinay, était dame de Madame la duchesse d'Orléans, et est mor
au Palais-Royal le 19 juin 1751. Son testament du 11 mai 1751 est chez Mᵉ Tourillon, notaire à Paris.

# MATHIEU II DE MONTMORENCY, DIT LE GRAND CONNÉTABLE [1]

| épouse : 1° Gertrude de NEELE. | épouse : 2° en 1221, Emme de LAVAL. |
|---|---|

*Neuvième degré.*    BOUCHARD VI épouse Isabelle de LAVAL, sœur cadette d'EMME.      Guy de MONTMORENCY prend le nom de GUY VII de LAVAL, et épouse Philippe de VITRÉ, fille de Catherine de BRETAGNE.

*Dixième degré.*    MATHIEU III épouse Jeanne de BRIENNE, dame de SEONS-EN-OTHE.      Guy VIII de MONTMORENCY-LAVAL, † en 1295, épouse : 1° Isabeau de BEAUMONT.    2° Jeanne de BRIENNE, dite D'ACRE.

**1ent**

*Onzième degré.* — MATHIEU V, auteur des branches aînées de la Maison de Montmorency, savoir :

1° Seigneurs de Nivelle, éteints en la personne de Philippe de Montmorency, comte de Hornes, décapité en 1558, et de son frère Floris de Montmorency, comte de Montigny, décapité également en 1570, par ordre de Philippe II, roi d'Espagne.

2° Seigneurs de Fosseux et leurs rameaux, savoir : Montmorency-Luxembourg et princes de Robecque, éteints dans ce siècle-ci.

3° Ducs de Montmorency, éteints par la mort de Henri II, décapité à Toulouse en 1632. Tous ses biens (dont Chantilly) passèrent à sa sœur, la princesse de Condé, mère du Grand Condé.

4° Princes de Montmorency-Logny, éteints au commencement de ce siècle. (Madame la comtesse de Broglie était de cette branche.)

**2ent**

*Onzième degré.* — ÉRARD, seigneur de BEAUSAULT, grand échanson de France, auteur de la branche Montmorency-Beausault, éteinte en 1454 par la mort de Catherine de Montmorency, qui, d'un premier mariage, eut Marie de Sainte-Beuve, qui était grand'mère d'Antoinette de Havart, qui fut femme de RENÉ Ier de MONTMORENCY-LAVAL, ascendants de Madame la baronne de THIERS (voir *quinzième degré)*; d'un second mariage, Catherine de Montmorency eut un fils, Jean de Roye, dont les deux arrière-petites-filles ont épousé : l'une Louis de Bourbon, prince de Condé; l'autre François III, comte de la Rochefoucauld.

*Onzième degré.* — Guy IX de MONTMORENCY-LAVAL, auteur de la branche aînée de MONTMORENCY-LAVAL, éteinte en 1605, a fourni plusieurs maréchaux de France et a donné naissance à Jeanne de LAVAL, bisaïeule de HENRY IV.

*Onzième degré.* — ANDRÉ de MONTMORENCY-LAVAL, auteur des branches de MONTMORENCY-LAVAL, qui se sont éteintes de nos jours. (Mme la baronne de THIERS descend d'ANDRÉ.)

(1) Tiré de l'*Histoire de la Maison de Montmorency*, par Duchène, et de la *Généalogie des Grands Officiers de la Couronne*, par le Père Anselme.

# NOTE SUR LA MAISON DE BRIENNE [1]

*Cinquième degré.* — GAUTHIER II, comte DE BRIENNE, épouse en 1150 ADELAÏS DE BAUDEMENT.

| 1 | 2 |
|---|---|
| *Sixième degré.* — ÉRARD II, comte DE BRIENNE, épouse AGNÈS DE MONTBÉLIARD. | ANDRÉ DE BRIENNE, seigneur DE RAMERU, épouse en 1184 ADELAÏS DE VERNIZY. |
| *Septième degré.* — JEAN DE BRIENNE, roi de Jérusalem, empereur de Constantinople, épouse en secondes noces, en 1222, BÉRENGÈRE DE CASTILLE.<br><br>(BÉRENGÈRE DE CASTILLE était fille de ALPHONSE IX, roi de Léon, et de BÉRENGÈRE I<sup>re</sup> DE CASTILLE, laquelle était fille de ALPHONSE VIII, roi de Castille, et d'ÉLÉONORE D'ANGLETERRE, fille de HENRI II, roi d'Angleterre, et d'ÉLÉONORE D'AQUITAINE.) | ÉRARD DE BRIENNE épouse en secondes noces, en 1214, PHILIPPE DE CHAMPAGNE, deuxième fille de HENRI II, comte de Champagne.<br><br>(PHILIPPE DE CHAMPAGNE était fille de HENRI II, comte de Champagne et Brie, lequel était fils de HENRI I<sup>er</sup>, comte de Champagne, et de MARIE DE FRANCE, fille de LOUIS VII, roi de France, et D'ÉLÉONORE D'AQUITAINE.) |
| *Huitième degré.* — LOUIS DE BRIENNE, vicomte DE BEAUMONT dit D'ACRE, épouse AGNÈS DE BEAUMONT, dame DE LA FLÈCHE. | JEANNE DE BRIENNE, dame DE SÉONS-EN-OTHE, épouse MATHIEU III DE MONTMORENCY. |
| JEANNE DE BRIENNE dite D'ACRE, épouse, en 1286, GUY VIII DE MONTMORENCY-LAVAL. (*Voir tableau,* page 6.) | ÉRARD DE MONTMORENCY, seigneur DE CONFLANS et BEAUSAULT, grand échanson de France. (*Voir tableau,* page 6.) |

(1) Tiré de l'*Histoire de la Maison de Montmorency*, par DUCHÈNE, et de la *Généalogie des Grands Officiers de la Couronne*, par le Père ANSELME.

HENRI II, ROI D'ANGLETERRE,
épouse, en 1152, Éléonore d'AQUITAINE.

(TABLEAU TIRÉ DES PRÉCÉDENTS)
(1)

LOUIS VII, ROI DE FRANCE,
épouse, en 1137, Éléonore d'AQUITAINE.

Éléonore d'ANGLETERRE
épouse ALPHONSE VIII, roi do Castille.

GAUTHIER II, comte de BRIENNE,
épouse, en 1150, Agnès de BAUDEMENT.

Marie de FRANCE épouse
HENRI Ier, comte de CHAMPAGNE ET BRIE.

Bérengère de CASTILLE
épouse ALPHONSE IX, roi de Léon.

Érard II de BRIENNE. — André de BRIENNE.

HENRI II, comte de CHAMPAGNE,
épouse ISABELLE, reine de Jérusalem.

Bérengère II de CASTILLE épouse, on 1222, — Jean de BRIENNE, roi de Jérusalem. — Érard de BRIENNE, épouse, en 1214, ▶

Philippe de CHAMPAGNE.

Louis de BRIENNE épouse Agnès de BEAUMONT.

Jeanne de BRIENNE, dame de SÉONS-EN-OTHE, (2)
épouse MATHIEU III de MONTMORENCY.

Jeanne de BRIENNE d'ACRE
épouse, en 1286, GUY VIII de MONTMORENCY-LAVAL.

Érard de MONTMORENCY, seigneur de BEAUSAULT, (2)
grand échanson de France, épouse Clémence de MURET.

*Onzième degré.* André de MONTMORENCY-LAVAL.
épouse Eustache de BEAUSSAY.

Jean de MONTMORENCY-BEAUSAULT, † en 1337,
épouse Jeanne de la TOURNELLE.

*Douzième degré.* Guy de MONTMORENCY-LAVAL,
† en 1386, épouse Jeanne de POMMEREUX.

JEAN II de MONTMORENCY, † en 1363,
épouse Isabeau de NÉELLE.

*Treizième degré.* Thibaut de MONTMORENCY-LAVAL,
† en 1433, épouse Jeanne de MAILLÉ.

Hugues de MONTMORENCY, † en 1404, chambellan de Charles VI,
épouse Jeanne d'HARCOURT.

*Quatorzième degré.* Guy de MONTMORENCY-LAVAL,
† en 1485, épouse Charlotte de SAINTE-MAURE.

Catherine de MONTMORENCY-BEAUSAULT, héritière de sa branche,
épouse : 1° Laurent de SAINTE-BEUVE ; 2° Mathieu de ROYE.

*Quinzième degré.*
Pierre de MONTMORENCY-LAVAL, auteur de la branche de MONTMORENCY-LAVAL, éteinte en 1851.

René Ier de MONTMORENCY-LAVAL, seigneur DE LA FAIGNE, † en 1498, épouse à Argueil, le 11 février 1494 ▶

Marie de SAINTE-BEUVE épse R. d'ESTOUTEVILLE.

Jean de ROYE, seigneur DE BEAUSAULT.

Antointe d'ESTOUTÉVILLE épse Georges de HAVART.

Antoine de ROYE, †† à Marignan, 1515.

Antoinette de HAVART. ▶

Charles de ROYE
épouse Madeleine de MAILLY-CONTY.

*Seizième degré.* René II de MONTMORENCY-LAVAL.

Éléonore
épouse Louis de BOURBON, prince DE CONDE.

Charlotte
épse FRANÇOIS III, comte DE LA ROCHEFOUCAULD.

*Vingt-troisième degré.* LOUISE-AUGUSTINE de MONTMORENCY-LAVAL
épouse, le 19 décembre 1726, Louis-Antoine CROZAT, baron de THIERS.

(1) Tiré de l'*Histoire de la Maison de Montmorency,* par Duchène, et de la *Généalogie des Grands Officiers de la Couronne,* par le Père Anselme.
(2) Voir tableau, page 6.

*Vingtième degré.* THOMAS DE MONTMORENCY-LAVAL, † le 27 février 1651, épouse, en 1636, LOUISE DE VALLÉE DE PESCHERAY (1).

*Vingt-unième degré.*

**1** — CHARLES DE MONTMORENCY-LAVAL, † en 1709, épouse, le 19 mars 1668, LOUISE LE MUSNIER DE RUBELLES.

**2** — GABRIEL DE MONTMORENCY-LAVAL, † en 1723, épouse : 1° en 1702, RENÉE-BARBE DE LA FORTERIE, 2° en 1714, ADÉLAÏDE DE GRIMOARD DU ROURE.

**3** — HENRY, † s. e.

**4** — ÉTIENNE, abbé.

**5** — LOUISE, religieuse.

**6** — CATHER… religieuse.

*Vingt-deuxième degré.*

**1** — CLAUDE-CHARLES DE MONTMORENCY-LAVAL, seigneur de Chennebrun. † en 1743, épouse en 1699 MARIE-THÉRÈSE DE HAUTEFORT.

**1** — 1er lit : CLAUDE-ROLAND, maréchal de France, † en 1751, épouse, en 1722, ELISABETH DE ROUVROI SAINT-SIMON.

**2** — CYPRIEN, abbé de Maulieu.

**3** — LOUISE, épouse MICHEL DES ECOTAIS.

**4** — 2e lit : JOSEPH-AUGUSTE *, épouse 1747, MARIE-LOU… DE BARBERIN … RIGNAC, † en 1…

*Vingt-troisième degré.*

**1** — GUY-LOUIS-CHARLES DE MONTMORENCY-LAVAL, épouse ADÉLAÏDE-LOUISE-SALBIGOTHON D'ESPINAY.

**2** — LOUISE-AUGUSTINE épouse en 1726, LOUIS-ANTOINE CROZAT, baron DE THIERS.

**1** — JOSEPH-PIERRE, †† en 1757 à la bataille d'Hastembech, épousa le 25 avril 1749 ELISABETH-RENÉE DE MEAUPOU, † le 4 novembre 1759.

**2** — MARIE-LOUISE, 43e abbesse à Montmartre, † sur l'échafaud révolutionnaire, en chantant le *Salve Regina,* 24 juillet 1793, à 71 ans.

**3** — HENRIETTE-LO… épouse BLOCKARD M… comte DE HELMSTA…

*Vingt-quatrième degré.*

**1** — LOUISE-ADÉLAÏDE-PHILIPPINE, née en 1731, † religieuse à la Ville-l'Evêque, en 1757.

**1** — Comtesse DE BÉTHUNE (POLOGNE).

**2** — Maréchale DE BROGLIE.

**3** — Marquise DE BÉTHUNE.

**1** — GUY-MARIE-RENÉ, né le 23 décembre 1751, † sans alliance.

**2** — LOUIS-ADÉLAÏDE-ANNE-JOSEPH, DE MONTMORENCY-LAVAL, né en 1752, épousa, en 1773, ANNE-JEANNE-THÉRÈSE-JOSÉPHINE DE LA ROCHE-FONTENILLE-GENSAC, mort sans enfant en 1844.

**3** — CLAUDINE-AN… ELISABETH… née le 6 mars 175…

*

(1) Tiré de l'*Histoire de la Maison de Montmorency,* par DUCHÈNE, et de la *Généalogie des Grands Officiers de la Couronne,* par le Père ANSELME.

* REMARQUE. — L'illustre Maison DE MONTMORENCY-LAVAL s'est éteinte en 1851. Ses trois derniers représentants furent : 1° ANNE-ADRIEN-PIERRE, duc DE MONTMORENCY-LAVAL, † en 1837, laissant deux filles : la marquise DE LEVIS-MIREPOIX et la marquise DE COURONNEL. — 2° EUGÈNE-ALEXANDRE (devenu duc DE LAVAL-MONTMORENCY à la mort de son frère aîné), † en 1851 sans enfants. — ANNE-ADRIEN et EUGÈNE-ALEXANDRE étaient les derniers descendants mâles de PIERRE DE MONTMORENCY-LAVAL (voir *quinzième degré).* — 3° LOUIS-ADÉLAÏDE-ANNE-JOSEPH (voir le tableau dessus), dernier descendant de RENÉ, frère cadet de PIERRE, † sans enfants en 1844. — Vers la même époque, par une singulière et triste coïncidence, s'éteignirent les autres branches de la Maison DE MONTMORENCY.

Les tableaux qui précèdent, pris au milieu de beaucoup d'autres, prouvent l'illustration des alliances de la Maison de Montmorency.

Ils permettent, en particulier, de faire cette remarque singulière : c'est que RENÉ II DE MONTMO-RENCY-LAVAL, porté au degré *XVI* (voir page 4), descendait par son père, en ligne directe, de GUY VIII et de JEANNE DE BRIENNE, dite D'ACRE, et par conséquent de HENRY II, roi d'Angleterre, et D'ÉLÉONORE D'AQUITAINE, et par sa mère, ANTOINETTE DE HAVART, de Louis VII, roi de France, et de cette même ÉLÉONORE D'AQUITAINE. En résumé, la Maison de MONTMORENCY se rattachait à toutes les maisons souveraines du moyen âge.

---

# NOTES

## sur la Maison de HAUTEFORT

### dont sortait la mère de Madame la baronne DE THIERS.

ARMES : *D'or, à trois fasces de sable.*

D'après La Chenaye des Bois, la Maison DE HAUTEFORT est originaire du Périgord, et est une branche de la Maison DE GONTAUT.

JEAN DE HAUTEFORT, gouverneur du Périgord et du Limousin, chambellan des rois Charles VIII et Louis XII, mourut le 16 août 1524. Il avait épousé, par contrat du 1ᵉʳ août 1499, MARGUERITE DE LA TOUR, dite DE TURENNE, fille d'Agne de la Tour IV du nom, seigneur d'Oliergues, vicomte de Turenne, et d'Anne de Beaufort. Ils eurent :

JEAN II DE HAUTEFORT, seigneur de Hautefort, etc., gouverneur du Périgord et vicomte de Limoges. Il épousa le 17 décembre 1519 CATHERINE DE CHABANNES, fille de Jean, chevalier, seigneur et baron de Curton, et de Françoise de Rochefort. Ils eurent :

GILBERT, seigneur de Hautefort, chevalier de l'Ordre du Roi, gentilhomme ordinaire de sa chambre. Il épousa, le 31 janvier 1537, LOUISE DE BONNEVAL, fille de Jean, chevalier, seigneur de Bonneval, conseiller et chambellan du Roi. Ils eurent :

FRANÇOIS, marquis DE HAUTEFORT, comte de Montignac, baron de Thénon, chevalier de l'Ordre du Roi, etc. Il mourut le 22 mai 1640, âgé de 99 ans. Il avait épousé, par contrat du 15 novembre 1579, LOUISE D'ESCARS, fille de François, comte d'Escars, chevalier des ordres du Roi, et de Claude de Bauffremont. Ils eurent :

CHARLES, marquis DE HAUTEFORT, maréchal des camps et armées du Roi, qui épousa RENÉE DU BELLAY, fille aînée de René, seigneur et baron de la Flotte-Hauterive, chevalier de l'ordre du Roi, et de Catherine Le Voyer de Lignerolles. Ils eurent :

GILLES, marquis DE HAUTEFORT, comte de Montignac, vicomte de Ségur, baron de Thénon et de la Flotte, seigneur de Juilhac, etc., lieutenant-général des armées du Roi, premier écuyer de la Reine. Il est mort à Paris, le 31 décembre 1693, âgé de 81 ans, et fut inhumé dans l'église des Jacobins de la rue Saint-Honoré. Il avait épousé, le 1ᵉʳ juin 1650, MARTHE D'ESTOURMEL, dame d'Estourmel, de Templeux, du Mesnil et de Surville, † le 4 novembre 1701, âgée de 69 ans, inhumée dans l'église de la Visitation de Sainte-Marie, rue du Bac. Elle était fille de Louis, seigneur d'Estourmel, et de Marthe de Neufbourg. Gilles de Hautefort et Marthe d'Estourmel eurent quinze enfants, à savoir (en passant ceux qui moururent en bas-âge) :

1° FRANÇOIS-MARIE, marquis DE HAUTEFORT, né le 16 août 1654, aide de camp de Monsieur le Prince, en 1674, lieutenant général des armées du Roi, chevalier de ses ordres en 1724, † à Paris, le 8 juillet 1727, à 73 ans, sans enfant.

2° LOUIS-CHARLES DE HAUTEFORT, marquis DE SURVILLE, lieutenant-général des armées du Roi en 1702, † à Paris le 29 décembre 1721, avait épousé, le 25 juin 1626, ANNE-LOUISE DE CREVANT D'HUMIÈRES, veuve de Louis-Alexandre, marquis de Vassé.

3° MARIE-AIMÉE DE HAUTEFORT, épousa, le 8 mai 1683, LOUIS, marquis D'ESTOURMEL, vicomte DE FOUILLOY.

4° MARIE-ANGÉLIQUE DE HAUTEFORT, née le 3 février 1659, † à Paris le 6 juillet 1749, à 91 ans épousa, le 31 mars 1700, CŒSAR-PHŒBUS DE BONNEVAL (eurent une fille qui épousa, en 1720, LOUIS DE TALARU, marquis DE CHALMAZEL).

5° ANNE DE HAUTEFORT, mariée, le 7 juillet 1699, à BARTHÉLEMY-GABRIEL D'ESPINAY, dont FRANÇOISE GABRIELLE D'ESPINAY, qui épousa LOUIS-CLAUDE DU BREIL, comte DE PONTBRIAND.

6° **MARIE-THÉRÈSE DE HAUTEFORT**, qui épousa, le 14 juillet 1699, **CLAUDE-CHARLES DE MONTMORENCY-LAVAL**, dit le marquis **DE LAVAL**, baron de la Faigne, seigneur de Gournay-le-Guérin, du Buat, de Chennebrun, etc., capitaine dans le régiment d'infanterie du Roi, puis colonel de celui de Bourbon, chevalier d'honneur de Son Altesse Royale la duchesse d'Orléans. Marie-Thérèse fut nommée dame du palais de Madame la duchesse de Berry, en septembre 1717, et est morte à Paris, paroisse Saint-Sulpice, le 1er avril 1753, à 80 ans, un an après le mariage de sa petite-fille, LOUISE-AUGUSTINE-SALBIGOTHON CROZAT DE THIERS, avec le maréchal VICTOR-FRANÇOIS, duc DE BROGLIE.

---

Degrés

1er | **LOUIS-ANTOINE CROZAT**, baron **DE THIERS**, comte de Vignory, était, comme nous l'avons vu plus haut, troisième fils d'ANTOINE II CROZAT, marquis DU CHATEL, et de MARGUERITE LE GENDRE-D'ARMÉNY. Il eut en partage la baronnie de Thiers en Auvergne, que son père avait achetée en 1714 du duc de Lauzun, qui lui-même la tenait de la duchesse de Montpensier. Il eut également la terre de Thugny, située près de Rethel, que son père avait achetée vers 1720 du prince de Ligne. Le baron de Thiers recueillit du reste par héritage presque tous les biens de ses frères et fut ainsi possesseur d'une des plus grandes fortunes de France. — Il fut brigadier des armées du Roy, lieutenant général pour Sa Majesté de la province de Champagne au bailliage de Reims et commandant de la dite province.

Pour cette raison, il habitait une partie de l'année son château de Thugny, en Rethélois ; l'autre partie de l'année, il habitait son hôtel de la place Vendôme, à Paris.

Comme tous ceux de sa famille, il aima les arts et les protégea en grand seigneur. Il possédait une des plus riches collections de tableaux et objets d'arts de l'époque.

Le baron de Thiers contracta une alliance illustre, car il épousa, le 19 décembre 1726, LOUISE-AUGUSTINE DE MONTMORENCY-LAVAL, fille de Claude-Charles de Montmorency-Laval et de Marie-Thérèse de Hautefort.

Madame la baronne de Thiers avait été merveilleusement douée. Elle avait une élévation remarquable d'esprit que relevait encore le charme de ses avantages extérieurs. Elle était aussi pieuse que modeste et aussi bonne que charitable. Elle fut sous tous les rapports une compagne digne de son mari, dont la charité était proverbiale.

Le baron de Thiers mourut à Paris le 15 décembre 1770, en son hôtel de la place Vendôme, âgé de soixante et onze ans. La baronne de Thiers était morte à Barrèges peu de mois auparavant, le 23 août 1770. Son corps a été inhumé dans le chœur de l'église de la cathédrale de Tarbes.

Ils laissèrent trois filles (1). (Voir pages 12, 26 et 51.)

---

(1) Ils en avaient eu une quatrième, ADÉLAÏDE-MARGUERITE-CHARLOTTE, née en 1728, † en bas âge.

1° Antoinette-Louise-Marie CROZAT, de Thiers, baptisée à Paris, dans l'église de Saint-Roch, le 28 avril 1731, épouse, le 17 mars 1749 (1), Joachim-Casimir-Léon, comte de BÉTHUNE (Pologne), baron d'Apremont, seigneur de Bornes en Nivernais, fils du marquis de Béthune, grand chambellan du roi de Pologne, et de sa seconde femme, Marie-Françoise Potier, fille du duc de Tresmes. Le comte de Béthune était petit-fils de Marie-Louise de la Grange-d'Arquien, sœur de la reine de Pologne, femme de Jean Sobieski. Il était aussi cousin issu de germain du marquis de Béthune, son beau-frère. Tous deux descendaient d'Hippolyte de Béthune (neveu du grand Sully), lequel Hippolyte était leur arrière-grand-père.

Le comte de Béthune fut chevalier d'honneur de Madame Adélaïde de France, mestre de camp du régiment Royal-Pologne, brigadier des armées du Roi, lieutenant général pour Sa Majesté, de la province d'Artois, gouverneur des ville et citadelle d'Arras. Il mourut à Versailles le 19 décembre 1769, et y fut enterré dans la chapelle de sa maison de Glatigny d'où, en 1881, son corps a été transporté dans le cimetière de Thugny (près Rethel), en même temps que celui de la comtesse de Béthune, qui mourut à Glatigny, le 30 mai 1809. Elle y avait passé tout le temps de la Révolution. — Le comte et la comtesse de Béthune laissèrent trois filles (2) :

1° Adélaïde-Joachime-Augustine de BÉTHUNE, née à Paris, le 19 juillet 1756, † à Madrid le 19 juin 1790, avait épousé Antoine-Sébastien-Ferrero-Fierque, prince de MASSERANO, grand d'Espagne de première classe, ambassadeur à Paris, chevalier de la Toison-d'Or. — Ils eurent trois enfants :

1° Caroline, princesse MASSERANO, née à Madrid, † à Paris le 7 décembre 1839, épousa Charles-Alphonse, marquis de RAFÉLIS SAINT-SAUVEUR, qui est mort à Paris le 6 octobre 1849. — Ils eurent quatre enfants :

1° Jenny de RAFÉLIS SAINT-SAUVEUR, née à Paris en août 1803, † à Turin le 20 juin 1867, avait épousé à Apremont (Cher), le 11 juin 1827, Eugène FONTANELLA, comte de BALDISSERO, né à Turin en 1786, † à Turin le 3 décembre 1861, fils du comte Fontanella de Baldissero et de la comtesse, née de Favetti de Bosses. — N'ont pas eu d'enfants.

2° Alexandre de RAFÉLIS SAINT-SAUVEUR, né en 1804, † en bas âge.

3° Victoire-Alexandrine, dite *Léontine* de RAFÉLIS SAINT-SAUVEUR, née à Paris le 29 septembre 1805, † à Paris le 29 janvier 1850, épouse au château d'Apremont, le 17 novembre 1828, le comte Charles GIANAZZO de PAMPARATO, né au château de Fromaro (Piémont) le 27 août 1799, † à Turin le 21 février 1861, fils du comte Alexandre Gianazzo de Pamparato et de Lucrèce Dufour de Livron. — De ce mariage, six enfants :

1° Charles-Félix GIANAZZO de PAMPARATO, né à Turin le 29 novembre 1829, † à Mongréno, en bas âge.

2° Mathilde GIANAZZO de PAMPARATO, née à Turin le 14 septembre 1831, † à Turin le 31 juillet 1833.

3° Léonie GIANAZZO de PAMPARATO, née à Turin le 14 janvier 1833, † à Turin le 2 octobre 1888, épouse à Paris, le 22 février 1854, Louis mar-

(1) Le contrat de mariage de très haut et très puissant seigneur Monseigneur Joachim-Casimir-Léon, comte de Béthune et des Bordes, seigneur de Montigny, etc., et de haute et puissante demoiselle Mademoiselle Antoinette-Louise-Marie Crozat de Thiers, fut lu au palais de Versailles en présence et de l'agrément du Roy, de la Reine, de Monseigneur le Dauphin, de Madame la Dauphine et de tous les membres de la famille royale, qui l'ont signé le 14 mars 1749. — Se trouve en l'étude de M⁰ Leroy, notaire à Paris, boulevard Saint-Denis.

(2) Ils en avaient eu deux autres, mortes en bas âge.

quis PALLAVICINO DE PRIOLA, officier de cavalerie, né à Céva le 27 juin 1826, † à Turin le 16 février 1862, fils de Casimir marquis Pallavicino de Priola et de Pauline Céva de Battifollo. — De ce mariage, quatre enfants :

VII^e — 1° *Marie* PALLAVICINO DE PRIOLA, née à Turin le 22 février 1855, religieuse

VII^e — 2° *Gabrielle* PALLAVICINO DE PRIOLA, née à Turin le 10 octobre 1857, épouse à Turin, le 28 mai 1879, le comte JULES-CÉSAR BALBIANO D'ARAMENGO, né à Turin le 26 janvier 1851, fils du comte Charles Balbiano d'Aramengo et de Hénédine Thaon de Revel.

De ce mariage, naquirent :

VIII^e — 1° *Léonie*-MARIE BALBIANO D'ARAMENGO, née à Turin le 13 avril 1880

VIII^e — 2° *Paola* BALBIANO D'ARAMENGO, née à Turin le 4 novembre 1881, † à Chiéri le 14 novembre 1884.

VIII^e — 3° *Hénédine* BALBIANO D'ARAMENGO, née à Turin le 29 novembre 1883

VIII^e — 4° *Christine* BALBIANO D'ARAMENGO, née à Turin le 12 novembre 1885

VIII^e — 5° *Maria*-LÆTITIA-ROSÉRINA BALBIANO D'ARAMENGO, née à Turin le 24 août 1887

VIII^e — 6° *Charles*-GABRIEL BALBIANO D'ARAMENGO, né à Turin le 2 décembre 1888

VIII^e — 7° *Louis* BALBIANO D'ARAMENGO, né à Chiéry le 27 mai 1891

VII^e — 3° OCTAVE-*Casimir*, marquis PALLAVICINO DE PRIOLA, né à Turin le 16 juillet 1859, épouse à Gênes, le 3 mai 1882, *Marie*-THÉRÈSE INCISA DE CAMÉRANA, née à Gênes le 16 août 1856, fille du marquis Vincent Incisa de Camérana et de Giovanna Roberti de Castelvero.

De ce mariage naquirent :

VIII° — Baron de THIERS. — Comtesse de BÉTHUNE. — Princesse MASSERANO. — Marquise de SAINT-SAUVEUR. — Comtesse PAMPARATO. — Marquise PALLAVICINO. — Octave, marquis PALLAVICINO.

1° *Louis*-ADALBERT PALLAVICINO DE PRIOLA, né à Turin le 1er janvier 1884

VIII°

2° *Pauline*-JEANNE PALLAVICINO DE PRIOLA, née à Turin le 27 novembre 1885

VIII°

3° *Octave*-VINCENT PALLAVICINO DE PRIOLA, né à Turin le 6 décembre 1887

VIII°

4° *Léonie* - OLYMPE - MARIE - CONSOLATA PALLAVICINO DE PRIOLA, née à Turin le 29 mai 1890

VIII°

5° *Marie*-CHRISTINE PALLAVICINO DE PRIOLA, née à Céva le 1er décembre 1892

VII°

4° *Léontine* PALLAVICINO DE PRIOLA, née à Turin le 23 avril 1861, épouse à Céva, le 24 novembre 1886, *Victor* INCISA DE CAMÉRANA, officier de cavalerie, né à Gênes le 23 février 1859, fils du marquis Vincent Incisa de Camérana et de Giovanna Roberti de Castelvero.

De ce mariage trois enfants :

VIII° — Marquise INCISA de CAMÉRANA.

1° *Marie*-VICTOIRE INCISA DE CAMÉRANA, née à Turin le 8 avril 1888

VIII°

2° *Vincent* INCISA DE CAMÉRANA, né à Senigallia le 22 septembre 1889

VIII°

3° *Léonie* INCISA DE CAMÉRANA, née à Naples le 20 juin 1891

VI°

4° *Christine* GIANAZZO DE PAMPARATO, née à Turin le 5 octobre 1834, épouse à Paris, le 6 août 1853, le comte HENRI PIOSSASCO D'AIRASCA, né à Turin le 13 juillet 1831, † le 19 janvier 1865, fils du comte Amédée Piossasco d'Airasca et de Caroline Caccia de Romentino.

De ce mariage six enfants :

Degrés

VII° — Baron de THIERS.
VII° — Comtesse de BÉTHUNE.
VII° — Princesse MASSERANO.
VII° — Marquise de SAINT-SAUVEUR.
VII° — Comtesse PAMPARATO.
VII° — Comtesse PIOSSASCO.

1° *Amédée* PIOSSASCO D'AIRASCA, né à Turin le 19 févri[er] 1855.

2° *Léontine* PIOSSASCO D'AIRASCA, née à Turin le 11 févri[er] 1856, † en bas âge.

3° *Edmond* PIOSSASCO D'AIRASCA, né à Turin le 25 juin 185[7] † en bas âge.

4° *Gabrielle* PIOSSASCO D'AIRASCA, née à Turin le 13 juill[et] 1859, décédée à Turin le 4 juin 1888.

5° *Paola* PIOSSASCO D'AIRASCA, née à Turin le 21 février 1862 † en bas âge.

6° *Mathilde* PIOSSASCO D'AIRASCA, née le 20 juillet 1863, † e[n] bas âge.

VI° — 5° *Octave,* comte GIANAZZO DE PAMPARATO, né à Turin le 29 aoû[t] 1840, épouse à Turin, le 15 septembre 1861, *Olympe* NATTA D'ALFIANO née à Novare le 21 novembre 1844, fille unique du marquis Joseph Natt[a] d'Alfiano et de Nancy Roget de Cholex.

VI° — 6° *Marie* GIANAZZO DE PAMPARATO, née à Turin le 3 mai 1843 † le 11 mai 1865, épouse à Turin, le 2 juillet 1862, *Paul,* comte PERRONE DE SAN MARTINO, officier de cavalerie, né à Lyon le 6 janvier 1834, fils du général comte Perrone de San Martino et de Jenny Fay de la Tour-Maubourg.

De ce mariage naquit un fils :

VII° — *Eugène* PERRONE DE SAN MARTINO, né à Turin le 13 octobre 1864, épouse à Turin le 3 mai 1892, BENEDETTA-BENEDETTI FORES-TIERI, née à Senigallia, le 4 novembre 1866, fille du chevalier Domi-nique-Benedetti Forestieri, et de la comtesse Anne-Gherardi BENIGNI DE MONTENUOVO.

Csse PERR. de SAN-MARTIN.

V° — 4° CHARLES-*Edmond,* marquis DE RAFÉLIS SAINT-SAUVEUR, † à Paris le 18 août 1877, épouse à Paris, en 1834, MARIE-ROSALIE-GABRIELLE DE BÉRENGER, née en 1813, † à Paris le 15 juillet 1887, fille de Gabriel-Raymond de Bérenger et de Cécile de Boisgelin. — De ce mariage naquirent deux enfants :

VI° — 1° *Paul*-MARIE-RAYMOND, marquis DE RAFÉLIS SAINT-SAUVEUR, ancien officier de cavalerie, † à Paris le 15 janvier 1884, avait épousé, le 7 mai 1874, HENRIETTE-SIDONIE DE GONTAUT-BIRON, fille d'Étienne de Gontaut, comte de Biron et de Charles-Marie de Fitz-James.

Ed., m[is] de RAF[s]. St-S[r].

De ce mariage naquirent cinq enfants :

<table>
<tr><td>VII<sup>e</sup></td></tr>
</table>

VII<sup>e</sup> — Baron de THIERS.

VII<sup>e</sup> — Comtesse de BÉTHUNE.

VII<sup>e</sup> — Princesse MASSERANO.

Marquise de SAINT-SAUVEUR.

Edmond, marquis de RAFÉLIS SAINT-SAUVEUR.

Paul, marquis de RAFÉLIS SAINT-SAUVEUR.

**1°** *Antoinette*-Marie-Edmonde DE RAFÉLIS SAINT-SAUVEUR, née à Paris le 25 février 1875

**2°** *Pauline*-Henriette-Gabrielle-Anne-Marie DE RAFÉLIS SAINT-SAUVEUR, née à Paris le 10 novembre 1876

**3°** *Jules*-Marie-Charles DE RAFÉLIS SAINT-SAUVEUR, né à Paris le 1<sup>er</sup> décembre 1877

**4°** *Armand*-Eugène-Guillaume-Étienne-Marie DE RAFÉLIS SAINT-SAUVEUR, né à Paris en mars 1879

**5°** *Marie*-Charlotte-Octavie DE RAFÉLIS SAINT-SAUVEUR, née à Paris en mai 1881

**2°** *Casimir*-Jules-Marie-Charles, comte DE RAFÉLIS SAINT-SAUVEUR, sorti de Saint-Cyr en 1861, officier au 3<sup>e</sup> zouaves, †† à la bataille de Reischoffen le 6 août 1870 (sans alliance).

2° Louise-Victoire-Marie-*Joséphine*-Françoise FERRERO FIESCHI, princesse DE MASSERANO, née à Madrid le 23 décembre 1779, † à Bruxelles le 18 janvier 1847, épouse à Paris, le 10 décembre 1804, Charles-Joseph, duc D'URSEL ET DE HOBOKEN, prince d'Arche et de Charleville, comte de Gobbendouck, né à Bruxelles le 9 août 1777, † à Hingène le 27 septembre 1860. — Ils eurent cinq enfants :

Duchesse d'URSEL.

1° Charles-Marie-*Léon*, duc D'URSEL ET DE HOBOKEN, etc., sénateur, envoyé extraordinaire à la Cour d'Autriche en 1866, né à Hingène, près Anvers, le 5 octobre 1805, † à Bruxelles le 7 mars 1878, épouse à Paris, le 31 juillet 1832, Sophie D'HARCOURT, née à Paris le 4 février 1812, † à Bruxelles le 31 mars 1842, fille de François-Eugène-Gabriel, comte puis duc d'Harcourt, et d'Aglaé Terray, comtesse puis duchesse d'Harcourt. — De ce mariage sont nés trois enfants :

Léon, duc d'URSEL.

1° Marie-Joséphine-*Magdelaine* comtesse D'URSEL, née à Bruxelles le 17 septembre 1833, † à Bruxelles le 18 avril 1885, épouse à Bruxelles, le 28 septembre 1854, *Juste*-Marie-Ferdinand-Victurnien, prince DE CROY, né à Paris le 19 février 1824, fils de *Ferdinand*-Toussaint-Victurnien-Philippe, prince de Croy, et de Anne-Louise-*Constance* de Croy-Solre, princesse de Croy.

De ce mariage naquirent sept enfants :

1° *Marie*-Josèphe-Constance-Caroline, princesse DE CROY, née à Bruxelles le 8 mars 1856, épouse à Bruxelles, le 10 octobre 1882, Adolphe, comte DU CHASTEL DE LA HOWARDERIE, secrétaire de

Baron de THIERS. | Comtesse de BÉTHUNE. | Princesse MASSERANO. | Duchesse d'URSEL. | Léon, duc d'URSEL. | Princesse Juste de CROY.

la légation de Belgique à Vienne, né à Wez, le 5 juin 1851, fils de Henri, comte du Chastel de la Howarderie, et de Octavie d'Herlincourt.

De ce mariage naquirent :

Comtesse du CHASTEL de la HOWARDERIE.

VIIIe 1° *Henriette,* comtesse DU CHASTEL DE LA HOWARDERIE, née à Wez le 30 août 1883

VIIIe 2° *Jacques,* comte DU CHASTEL DE LA HOWARDERIE, né à Hingène le 11 août 1885

VIIIe 3° *Emmanuel,* comte DU CHASTEL DE LA HOWARDERIE, né à Bruxelles le 18 octobre 1888

VIIIe 4° *François,* comte DU CHASTEL DE LA HOWARDERIE, né à Berlin le 2 juin 1889

VIIIe 5° *Ferdinand,* comte DU CHASTEL DE LA HOWARDERIE, né à Wez, le 31 août 1892

VIIe 2° *Sophie*-MARIE-FERDINANDE, princesse DE CROY, née à Bruxelle le 15 février 1858

VIIe 3° *Henri*-FRANÇOIS-GHISLAIN-LOUIS-MARIE, prince DE CROY, né à Bruxelles le 8 mai 1860, officier de cavalerie, commissaire de district au Congo

VIIe 4° *Alfred*-HENRI-JOSEPH-MARIE-RODOLPHE, prince DE CROY, né au Rœulx (Hainaut) le 17 septembre 1862, ancien officier aux chasseurs de la Garde en Prusse

VIIe 5° *Ferdinand*-CHARLES-JOSEPH-LÉON-MARIE, prince DE CROY, né au Rœulx le 4 mai 1867, ancien officier aux chasseurs de la Garde en Prusse, ordonné diacre à Rome

VIIe 6° *Charles*-JOSEPH-HENRI-MARIE, prince DE CROY, né au Rœulx le 14 mai 1869

**VIIe** — Baron de THIERS. / Comtesse de BÉTHUNE. / Princesse MASSERANO. / Duchesse d'URSEL. / Léon, duc d'URSEL.

**7°** *Joseph*-Emmanuel-Marie-Sophie-Ignace, prince de CROY, né à Bruxelles le 20 février 1873, officier aux cuirassiers de Westphalie

**VIe** — **2°** Marie-Gabriel-*Albert*, comte d'URSEL, né à Hingène le 11 août 1835, † à Hingène le 7 janvier 1836.

**VIe** — **3°** Charles-Marie-*Henri*, comte d'URSEL, né à Bruxelles le 12 décembre 1839, † à Madère le 9 septembre 1875, épouse à Paris, le 16 juin 1873, *Isabelle*-Charlotte-Sophie-Léotrie de CLERMONT-TONNERRE, née à Paris le 6 mars 1849, fille de Aimé-*Gaspard*, vicomte de Clermont-Tonnerre, et de *Sophie*-Armandine-Marie de Guignart de Saint-Priest.

De ce mariage naquit une fille :

**VIIe** — *Caroline*-Chantal-Léonie-Marie-Noel, comtesse d'URSEL, née à Bruxelles le 25 décembre 1874

**Ve** — Charles-Marie-*Léon*, duc d'URSEL, devenu veuf le 31 mars 1842, épousa à Paris, le 6 octobre 1847, Henriette-Marie d'HARCOURT, sœur de sa première femme. — De ce second mariage naquirent six enfants :

**VIe** — **1°** Marie-Charles-*Joseph*, duc d'URSEL et de HOBOKEN, etc., né à Bruxelles le 3 juillet 1848, sénateur, ancien gouverneur du Hainaut, épouse à Paris, le 16 mars 1872, *Antonine*-Marie de MUN, née à Paris le 14 novembre 1849, fille d'Adrien, marquis de Mun, et de Claire de Ludre.

*(Léon, duc d'URSEL. — Joseph, duc d'URSEL.)*

De ce mariage naquirent quatre enfants :

**VIIe** — **1°** *Robert*-Marie-Léon, comte d'URSEL, né à Bruxelles le 7 janvier 1873

**VIIe** — **2°** *Henriette*-Marie-Adrienne-Carola-Claire, comtesse d'URSEL, née à Paris le 12 mars 1875

**VIIe** — **3°** Marie-Louise-*Pauline*, comtesse d'URSEL, née à Bruxelles le 17 février 1880

**VIIe** — **4°** *Wolfgang*-Pie-Benoit-Marie, comte d'URSEL, né à Hingène le 7 septembre 1882

**VIe** — **2°** Marie-Eugénie-Léonarde-*Sophie*, comtesse d'URSEL, née à Bruxelles le 29 juin 1851, épouse à Bruxelles, le 19 mars 1879, *Charles*-Henri-Wolff-Guillaume-François, comte de SCHÖNBOURG-FORDERGLAUCHAU, né à

Wechselburg le 13 mai 1832, fils de Charles-Henri-*Alban*, comte de Schö-
bourg, et de *Émilie*-Christine-Marie, née comtesse de Jenison Walworth.

**VI⁰** — 3° *Juliette*-LOUISE-MARIE, comtesse D'URSEL, née à Bruxelles le 2
avril 1853, épouse à Paris, le 1ᵉʳ juillet 1882, *Robert*-FRANÇOIS-JOSEPH DE
BOURBON, comte DE BUSSET, né le 26 février 1848, fils de *Gaspard*-Louis-
Joseph de Bourbon, comte de Chalus, et de Céleste-Augustine-*Marie*-Fran-
çoise des Bravards-d'Eyssat du Prat.

De ce mariage naquirent :

**VII⁰** — 1° *Henry*-CHARLES-LOUIS-MARIE DE BOURBON, né à Paris le 3 septembre 1883, † à Busset le 21 août 1884.

**VII⁰** — 2° *Antoine*-BENOIT-CHARLES-LOUIS-MARIE DE BOURBON, né à
Paris le 28 juillet 1885.

**VII⁰** — 3° *Sophie*-HENRIETTE-MARIE-BENOITE DE BOURBON, née à Paris le
1ᵉʳ novembre 1887.

**VII⁰** — 4° *Jean*-BENOÎT-GUY-MARIE DE BOURBON, né à Paris le 25 oct. 1889.

**VII⁰** — 5° *Jacques*-JOSEPH-BENOÎT-MARIE DE BOURBON, né à Paris le 23
juillet 1892.

**VI⁰** — 4° *Carola*, comtesse D'URSEL, née à Bruxelles le 9 août 1860, † à
Bruxelles le 4 avril 1874.

**VI⁰** — 5° *Marguerite*, comtesse D'URSEL, née à Bruxelles le 11 avril 1863,
† à Nice le 25 novembre 1877.

**VI⁰** — 6° *Léon-Léopold*-MARIE, comte D'URSEL, né à Bruxelles le 7 août
1867, secrétaire de légation.

**V⁰** — 2° *Caroline*-MARIE, comtesse D'URSEL, née à Hingène le 13 juin 1807, † à
Bruxelles le 5 décembre 1868 (sans alliance).

**V⁰** — 3° *Louis*-MARIE, comte D'URSEL, né à Hingène le 27 février 1809, † à Jolymont (Boitsfort) le 13 octobre 1886, épousa à Bruxelles, le 5 octobre 1842,
*Louise*-MARIE-ÈVE GUEULLY DE RUMIGNY, née à Stockholm le 19 mars 1820,
fille de Hippolyte Gueully, marquis de Rumigny, ambassadeur de France, † à
Bruxelles le 5 mars 1872, et de Caroline Mortier de Trévise. — De leur mariage
naquirent sept enfants :

**VI⁰** — 1° *Marie*-CAROLINE-ÈVE, comtesse D'URSEL, née à Bruxelles le 22
février 1844, dame du palais de la Reine, épousa à Bruxelles, le 21 octobre
1872, ALBERT-*Victor*, baron NAU DE CHAMPLOUIS, colonel d'état-major

né à Paris le 24 mai 1833, † à Paris le 3 septembre 1878, fils du baron Nau de Champlouis et de Claude-Élisabeth-Amélie Feray.

De ce mariage naquirent trois enfants :

1° *Marie-Henriette* NAU DE CHAMPLOUIS, née à Paris le 5 décembre 1873

2° *Claude* NAU DE CHAMPLOUIS, née à Paris le 26 mai 1875, † à Paris le 31 janvier 1880.

3° *Jacques* NAU DE CHAMPLOUIS, né à Paris le 10 juin 1876

2° *Gabrielle*, comtesse D'URSEL, née à Bruxelles le 20 septembre 1846, † à San Remo le 24 mars 1884, épousa à Bruxelles, le 26 septembre 1874, *Amable*, marquis DADVISARD, né à Toulouse en 1836, fils de Gustave, marquis Dadvisard, et de Thérèse de Gramont.

De ce mariage naquirent :

1° *Louis* DADVISARD, né à Toulouse le 29 janvier 1876

2° *Henri* DADVISARD, né à Mondouzil (H^te-Garonne) le 2 juillet 1877

3° *Charles* DADVISARD, né à Mondouzil le 27 août 1879

3° *Charles-Marie-Léon*, comte D'URSEL, né à Bruxelles le 20 janvier 1848, ministre résident de Belgique, épouse à Paris, le 18 avril 1885, *Geneviève* LE ROUX, née à Paris, le 20 août 1862.

De ce mariage naquirent :

1° *Louis*, comte D'URSEL, né à Berlin le 1^er mai 1886

2° *Anne*, comtesse D'URSEL, née à Berlin le 13 avril 1887

3° *Édouard*, comte D'URSEL, né à Bruxelles le 13 août 1888

4° *Jeanne*, comtesse D'URSEL, née à Mons le 6 octobre 1889

VII<sup>e</sup>

5° *Juliette*, comtesse D'URSEL, née à Mons le 21 novembre 18[...]

VII<sup>e</sup>

6° *Émilie* (MOLLY), comtesse D'URSEL, née à Nice le 21 décemb[...] 1891

VI<sup>e</sup>

4° MARIE-HENRY-ADRIEN-*Aymard*, comte D'URSEL, né à Bruxelles [...] 31 mai 1849, capitaine d'artillerie, épouse à Bruxelles, le 22 janvier 188[...] MATHILDE-CAROLINE-*Marie*-GHISLAINE, comtesse DU CHASTEL DE [...] HOWARDERIE, née à Bruxelles le 4 juin 1855, † le 1<sup>er</sup> mars 1892, [...] Bruxelles, fille de Camille, comte du Chastel de la Howarderie, et [...] Marie, comtesse de Marnix.

De ce mariage naquirent :

VII<sup>e</sup>

1° *Marie-Louise*, comtesse D'URSEL, née à Bruxelles le 20 jui[...] 1884, † à Jolymont (Boitsfort) le 20 août 1884.

VII<sup>e</sup>

2° *Marie-Thérèse*, comtesse D'URSEL, née à Braine-le-Château [...] 13 juillet 1885

VII<sup>e</sup>

3° *Berthe*, comtesse D'URSEL, née à Braine-le-Château le [...] août 1886

VII<sup>e</sup>

4° *Gabrielle*-GHISLAINE, comtesse D'URSEL, née à Bruxelles le [...] février 1888

VII<sup>e</sup>

5° *Marguerite*-MARIE, comtesse D'URSEL, née à Bruxelles le 2 n[...] vembre 1889

VII<sup>e</sup>

6° *Conrad*, comte D'URSEL, né à Bruxelles le 11 avril 1891

VI<sup>e</sup>

5° MARIE-*Hippolyte*-ADRIEN-LUDOVIC, comte D'URSEL, né à Bruxelles [...] 17 novembre 1850, épouse à Bruxelles, le 30 janvier 1878, *Georgin*[...] comtesse DE ROUILLÉ, née à Bruxelles le 13 mars 1859, fille de Adhéma[...] comte de Rouillé, et de Louise, baronne Ozy de Zegwaart.

De ce mariage naquirent :

VII<sup>e</sup>

1° *Ludovic*, comte D'URSEL, né à Ormeignies (Hainaut) le 15 m[...] 1879, † à Bruxelles le 3 avril 1880.

VII<sup>e</sup>

2° *Marie*-GABRIELLE-RAPHAELLE, comtesse D'URSEL, née à Bru[...] xelles le 13 février 1882

Degrés

Baron de THIERS.  
Comtesse de BÉTHUNE.  
Princesse MASSERANO.  
Duchesse d'URSEL.  
Louis, comte d'URSEL.  
Hippolyte, comte d'URSEL.  
Auguste, comte d'URSEL.

VII° — 3° *Gabrielle*-Charlotte-Josèphe-Emma-Marie, comtesse d'URSEL, née à Bruxelles le 27 janvier 1884

VII° — 4° *Jean*, comte d'URSEL, né à Bruxelles le 21 janvier 1887

VII° — 5° *Georges*, comte d'URSEL, né à Ormeignies le 20 juillet 1890

VII° — 6° *Pierre*, comte d'URSEL, né à Jolymont (Boitsfort) le 24 novembre 1892

VI° — 6° Marie-Émilie-*(Molly)*-Madeleine, comtesse d'URSEL, née à Bruxelles le 14 février 1854, épouse à Bruxelles, le 26 février 1876, *Charles*-Victor-Maximilien-Albert, vicomte de SPOELBERCH DE LOVENJOUL, né à Bruxelles le 30 avril 1836, fils de Maximilien, vicomte de Spœlberch de Lovenjoul, et de Hortense, vicomtesse de Putte.

VI° — 7° Marie-Joachim-*Auguste*-Paul, comte d'URSEL, né à Bruxelles le 9 février 1857, épouse à Bruxelles, le 23 janvier 1883, *Emma*-Charlotte-Louise-Marie, comtesse de ROUILLÉ, née à Bruxelles le 27 juin 1860, fille de Adhémar, comte de Rouillé, et de Louise, baronne Ozy de Zegwaart.

De ce mariage naquirent :

VII° — 1° *Albert*, comte d'URSEL, né à Bruxelles le 8 août 1883, † à Ormeignies le 3 décembre 1885.

VII° — 2° *Louise*-Marie, comtesse d'URSEL, née à Dongelberg le 10 septembre 1887

VII° — 3° *Hélène*-Marie, comtesse d'URSEL, née à Bruxelles le 6 février 1888, † le même jour.

VII° — 4° *Élisabeth*, comtesse d'URSEL, née à Sempst, le 12 août 1889

VII° — 5° *Marthe*, comtesse d'URSEL, née à Bruxelles, le 20 mars 1891

VII° — 6° *Yvonne*, comtesse d'URSEL, née à Bruxelles, le 20 décembre 1892

V° — 4° Conrad, comte d'URSEL, né à Bruxelles en 1813, † à Bruxelles le 18 janvier 1854 (sans alliance).

V⁰

**5°** Marie-*Auguste*, comte D'URSEL, né à Bruxelles le 8 février 1815, † au château d'Hingène (province d'Anvers) le 19 juillet 1878, épouse à Paris, le 16 mai 1860, Marie-CAMILLE DE CROIX DE HEUCHIN, née à Paris le 17 mars 1836, fille de Edmond-Marie-*Charles*, comte de Croix de Heuchin, et de Marie-Stéphanie-*Amélie* de Tournon-Simiane.

De ce mariage naquirent sept enfants :

**1°** MARIE-CAROLINE-CAMILLE-*Amélie*, comtesse D'URSEL, née à Bruxelles le 8 mai 1861

**2°** MARIE-JOSÉPHINE-*Charlotte*, comtesse D'URSEL, née à Paris le 15 mai 1862, † à Bruxelles le 6 mars 1866.

**3°** MARIE-LOUIS-*Conrad*, comte D'URSEL, né à Bruxelles le 28 décembre 1863, † à Bruxelles le 5 mars 1866.

**4°** MARIE-HENRI-*Ernest*, comte D'URSEL, né à Bruxelles le 26 mai 1866, † au Congo le 9 janvier 1892.

**5°** MARIE-JOSEPH-*Adrien*, comte D'URSEL, né à Bruxelles le 17 janvier 1868, attaché à l'ambassade belge, à Vienne

**6°** MARIE-LOUISE-*Antoinette*, comtesse D'URSEL, née à Bruxelles le 4 septembre 1870

**7°** *Éléonore*-LÉONIE-MARIE-THÉRÈSE, comtesse D'URSEL, née à Bruxelles le 9 octobre 1876

**3°** CHARLES-FERRERO-FIESCHI, prince DE MASSERANO, marquis DE CRÈVECOEUR, né en 1783, † à Paris sans enfants en 1833.

**2°** LOUISE-CHARLOTTE DE BÉTHUNE, née le 11 juin 1759, † à Paris le 21 juin 1818, a été enterrée à Glatigny et son corps ensuite transféré à Thugny, en Rethélois, avait épousé à Paris, le 26 mars 1778, RENÉ-JEAN-MANS, marquis DE LA TOUR DU PIN, GOUVERNET DE LA CHARCE, né à Paris le 26 juillet 1750, filleul de la ville du Mans, † le 2 décembre 1781, colonel de Bourbon infanterie, fils de Philippe-Antoine-Gabriel-Victor-Charles de la Tour du Pin, marquis de la Charce, et de Jeanne-Madeleine Bertin, marquise de Méréville. — Devenue veuve, Louise-Charlotte de Béthune épousa, en 1794, TATIUS-RODOLPHE-GILBERT, baron DE SALIS-SAMADE, fils de Vincent Guy, baron de Salis, colonel propriétaire du régiment de Boccard-Suisse au service de France, maréchal de camp, chevalier de Saint-Louis, † à Montargis le 22 février 1794, et de Aimée-Julie Bonet de Rozoy. Tatius-R.-G., baron de Salis, fut colonel, puis maréchal de camp, député en 1815 pour le département des Ardennes ; il était né à Montargis le 4 novembre 1752, † à Thugny le 25 août 1820. — Pas d'enfants de ce second mariage. — Du premier mariage, un fils unique :

*René*-LOUIS-VICTOR DE LA TOUR DU PIN GOUVERNET marquis DE LA CHARCE, né à Paris le 23 août 1779, lieutenant-colonel, député de Vesoul et des Ardennes, officier de la Légion d'honneur, † à Paris le 4 juin 1832, enterré à Glatigny puis transporté à Thugny; épousa à Paris, le 20 juillet 1804, la princesse *Honorine*-Camille-Athénaïs GRIMALDI DE MONACO, née à Paris en 1784, † à Paris le 8 mai 1879, fille du prince Joseph Grimaldi de Monaco, et de Françoise-Thérèse de Choiseul-Stainville. — De ce mariage naquirent deux enfants :

V°

1° Joséphine-Philis-*Charlotte* DE LA TOUR DU PIN GOUVERNET DE LA CHARCE, née à Paris le 8 prairial an XIII (1804), † à Fontaine-Française le 7 août 1865; épousa à Paris, le 27 février 1826, Charles-Fortuné-*Jules*-Guigues DE MORETON, comte DE CHABRILLAN, ancien officier des hussards de la garde royale, né à Fontainebleau le 9 frimaire an V, † à Paris le 13 février 1863, fils de Pierre-Charles-*Fortuné* de Moreton, comte de Chabrillan, et de Charlotte-Robertine Constard, † à Paris le 13 février 1863. — De ce mariage naquirent deux enfants :

VI°

1° Hippolyte-Camille-*Fortuné* DE MORETON, comte DE CHABRILLAN, né à Fontainebleau le 11 septembre 1828, épouse à Dulmen, le 10 juillet 1864, Anne-Françoise, princesse DE CROY-DULMEN, née à Dulmen le 24 janvier 1831, † à Igls (Tyrol), le 2 juillet 1887, inhumée à Fontaine-Française, fille de Alfred, duc de Croy, et de Éléonore, princesse de Salm-Salm.

De ce mariage naquirent deux enfants :

VII°

1° Henri-Philippe-*Guillaume*-Fortuné DE MORETON, comte DE CHABRILLAN, né à Paris le 24 août 1867

VII°

2° Léonor-Alfred-*Aynard*-Fortuné DE MORETON, comte DE CHABRILLAN, né à Cannes le 16 janvier 1869

VI°

2° Louis-*Robert*-Fortuné-Guigues DE MORETON, comte DE CHABRILLAN, né à Paris le 6 janvier 1832. Entré à Saint-Cyr en 1852, puis sous-lieutenant de cavalerie en 1854, le comte Robert de Chabrillan fut successivement officier d'ordonnance du maréchal comte de Castellane, puis du maréchal Niel. Il fit les campagnes de 1859 en Italie, de 1860-61 en Afrique, de 1870 contre l'Allemagne, de 1871 contre la Commune de Lyon, de 1873-74-75 en Afrique. Il fut nommé colonel du 15° régiment de chasseurs à cheval en novembre 1879, prit sa retraite avec ce grade, et mourut à Paris le 9 février 1892. C'est à lui qu'appartenait le château de Thugny, près Rethel.

V°

2° Louis-Gabriel-*Aynard* DE LA TOUR DU PIN GOUVERNET, marquis DE LA CHARCE, né à Paris le 12 juin 1806, † sans alliance le 11 novembre 1855, des suites de blessures reçues au siège de Sébastopol. Enterré à Fontaine-Française, le marquis de la Tour du Pin fut colonel d'état-major, commandeur de la Légion d'honneur. Il est connu de toute l'armée par sa bravoure héroïque qui est restée légendaire.

III°

3° Adélaïde-Françoise-Léontine DE BÉTHUNE, née à Paris (paroisse Saint-Roch) le 3 mars 1761, † à Glatigny le 30 avril 1823, épousa à Versailles, le 29 juillet 1783, Chrétien

DE BAVIÈRE, marquis DE DEUX-PONTS, comte DE FORBACH, général d'infanterie, pui~
feld-maréchal-lieutenant au service de Bavière, colonel du régiment royal de Deux-Ponts~
né à Deux-Ponts le 21 septembre 1752, † à Munich le 28 octobre 1817, fils de Christian IV~
prince palatin, duc régnant de Deux-Ponts, et de Marie-Anne de Kamasse, comtesse de
Forbach. — De ce mariage naquirent deux filles :

1° *Éléonore* DE DEUX-PONTS, née à Forbach le 21 juin 1787, † au château
d'Affing, près Augsbourg, le 22 mai 1832, épousa à Munich, en 1806, *Charles*-ERNEST,
comte DE GRAVEREUTH, né à Stenay (France) le 28 mars 1771, † à Affing le 29 septembre 1827, fils de Frédéric, baron de Gravereuth, général en France, et de Marie-
Catherine-Victoire de la Rone. — De ce mariage naquirent deux fils :

1° *Max*, comte DE GRAVEREUTH, né à Munich le 24 avril 1807, † à Affing
le 18 juillet 1874, épousa à Munich, le 15 février 1847, *Marie*, baronne
DE GUIZE, née à Bruxelles le 22 novembre 1822, fille de Son Excellence le
ministre baron de Guize, et de la comtesse de Lapeyrouse. — N'ont eu qu'un
fils † en bas âge.

2° *Christian* DE GRAVEREUTH, né à Munich le 20 septembre 1808, † à
Neuburg le 21 juin 1820.

2° *Casimire* DE DEUX-PONTS, née à Forbach le 2 décembre 1787, † à Munich le
28 mars 1846, s'est mariée deux fois : 1° le 28 mai 1808, avec *Gustave*-CHARLES-
CHRISTOPHE-FRÉDÉRIC, comte médiatisé DE SAYN-WITTGENSTEIN, colonel de chevau-légers, né le 31 octobre 1773, †† à la bataille de Borodino, le 7 septembre 1812,
fils de Frédéric-Charles, comte de Sayn-Wittgenstein, et de la comtesse Sophie-Fer-
dinande-Hélène de Sayn-Wittgenstein-Berleburg ; — 2° le 10 juillet 1814, avec
*Antoine*, comte DE RECHBERG ET ROTHENLÖWEN, général-lieutenant, chevalier
de Marie-Thérèse (ordre donné seulement pour récompenser un acte de bravoure qui
décida du gain d'une bataille), † à Munich le 5 janvier 1837. Casimire n'a pas eu
d'enfants de son second mariage et en a eu trois du premier, savoir :

1° *Christian*, comte DE SAYN-WITTGENSTEIN, né à Munich le 22 mars
1809, † à Munich en 1837 (sans alliance).

2° *Gustave*-FRANÇOIS-CHARLES-ALBERT, comte DE SAYN-WITTGENSTEIN, né
à Munich le 10 mars 1811, † à Munich le 24 juin 1846, épouse à Stuttgard, le
11 octobre 1838, ANNA-HENRIETTE-SALISBURY PIGOTT, née au château de Kellg-
ville (Irlande) le 7 septembre 1811, fille de sir Georges Pigott of Knapton Hall
(Irlande), et de Arabella Kelly. — Comme ils ne laissèrent que des filles, la
branche comtale de Sayn-Wittgenstein s'est éteinte avec Gustave-François, et
le majorat est passé au prince régnant de Sayn-Wittgenstein-Berleburg, Sayn-
Wittgenstein-Hohenstein, et au duc de Nassau, dont la maison de Wittgenstein
est issue. — Leurs filles furent :

1° *Éléonore*-CASIMIRE-LUDOVICA DE SAYN-WITTGENSTEIN, née à Munich
le 31 mars 1840, épousa à Égern, près Tégernsée (Bavière), le 4 novembre
1884 (après la mort de sa sœur cadette Élisabeth), son beau-frère, *Othon*-
ÉMILE, prince DE SAYN-WITTGENSTEIN-BERLEBURG, né à Darmstadt le
23 novembre 1842, fils de *Auguste*-Louis, prince de Sayn-Wittgenstein,
chevalier de Saint-Georges, grand'croix de la Légion d'honneur, généra~
et ministre d'État, etc., et de la baronne Françoise de Schweitzer.

IV°  V°  V°  IV°  V°  V°  VI°

Baron de THIERS.
Comtesse de BÉTHUNE.
Marquise de DEUX-PONTS.
C^sse de GRAVEREUTH.
Comtesse de SAYN-WITTGENSTEIN.
C^se de SAYN-WITTGENSTEIN.

2° Léontine - Adélaïde - Caroline de SAYN - WITTGENSTEIN, née à Munich le 3 juin 1843, épousa à Égern, près Tégernsée (Bavière), le 20 juillet 1864, *Charles*-Hans-Constantin, comte de KÖNIGSMARCK, chef du majorat de Kamnitz, membre héréditaire de la Chambre seigneuriale de Prusse, maréchal héréditaire de la Mark de Brandebourg, né à Constantinople le 17 mai 1839, fils du comte Hans-Carl-Albrecht de Königsmark, membre de la Chambre des Seigneurs de Prusse, envoyé extraordinaire et ministre plénipotentiaire à Constantinople et à La Haye, maréchal héréditaire de la Mark de Brandebourg, et de la baronne Jenny de Bulow.

De ce mariage naquirent cinq eufants :

    1° *Hans-Erwein* de KÖNIGSMARCK, né à Berlin le 5 mai 1865, officier au 1er régiment de dragons de la garde

    2° *Élisabeth* de KÖNIGSMARCK, née à Kamnitz le 27 juin 1866

    3° *Alice* de KÖNIGSMARCK, née à Kamnitz le 24 octobre 1867, épousa, le 15 octobre 1890, Moritz, baron de BISSING, colonel des gardes du corps, aide de camp de S. M. l'empereur Guillaume II.

    4° *Éléonore* de KÖNIGSMARCK, née à Kamnitz le 16 juin 1869

    5° *Marie-Jenny* de KÖNIGSMARCK, née à Kamnitz le 18 mai 1875

    3° *Alice*-Sophie de SAYN - WITTGENSTEIN, née à Munich le 12 juin 1844, † à Munich le 11 août 1860 (sans alliance).

    4° *Élisabeth*-Marie-Anne de SAYN - WITTGENSTEIN, née à Munich le 4 décembre 1845, † à Égern le 28 mai 1883, épousa à Munich, le 1er décembre 1875, *Othon*-Émile, prince de SAYN - WITTGENSTEIN-BERLEBURG qui, devenu veuf, épousa sa belle-sœur Éléonore, comme on l'a vu plus haut. Élisabeth-Marie n'avait pas eu d'enfants.

    3° *Amélie*-Ludovica de SAYN - WITTGENSTEIN, née le 14 avril 1812, † à Munich en 1824 (sans alliance).

2° *Louise*-Augustine-Salbigothon CROZAT de THIERS ou de THUGNY (1) est née à Paris (paroisse Saint-Roch), le 25 octobre 1733, † à Altona le 8 mai 1813. Elle épousa à Paris (2), en

---

(1) Ce qui concerne la descendance de la maréchale de Broglie a été copié dans une généalogie faite par le marquis de Bourdeille, que l'auteur a complétée.

(2) Le contrat de mariage de très haut et très puissant seigneur Monseigneur Victor-François de Broglie, duc de Broglie, lieutenant général des armées du Roy, inspecteur général de l'infanterie, et de haute et puissante demoiselle Mademoiselle Louise-Augustine-Salbigothon Crozat de Thugny, fut lu au palais de Versailles en présence et de l'agrément du Roy, de la Reine, de Monseigneur le Dauphin, de Madame la Dauphine, de Mesdames de France, de Monseigneur le duc d'Orléans, de Madame la duchesse d'Orléans, etc., qui l'ont signé le 8 avril 1752. — Se trouve en l'étude de Me Tourillon, notaire à Paris, boulevard Malesherbes, 19.

l'église Saint-Roch, le 11 avril 1752, *Victor*-FRANÇOIS, duc DE BROGLIE, premier baron Fos
de Normandie, né le 19 octobre 1718, fils de François-Marie, duc de Broglie, maréchal de Fran
et de Thérèse-Gillette Loquet de Grandville. Victor-François était veuf de Marie du Bois
Villiers, dont il avait eu quatre fils morts en bas âge. — Pour récompenser ses longs et imp
tants services, le roi éleva Victor-François à la dignité de maréchal de France, le 18 janvier 17
— Le 28 mai 1759, l'empereur d'Autriche, avec l'agrément du roi, lui conféra le titre de pri
du Saint-Empire pour lui, ses enfants et leurs descendants légitimes en ligne directe de l'un
de l'autre sexe, avec le titre d'illustrissime, de bien-aimé et de cher cousin. — Nommé par le
Louis XVI généralissime de toutes ses armées en 1789, il fut contraint peu après de quitte
France à cause des événements politiques; il se réfugia à Munster, en Westphalie, où il mou
le 31 mars 1804, âgé de quatre-vingt-cinq ans. Son tombeau s'y trouve dans l'église Combati
De ce mariage naquirent neuf enfants :

IIIe    1° *Louise*-AUGUSTINE-THÉRÈSE, princesse DE BROGLIE, née à Paris le 6 mars 1753, †
13 décembre 1771, épousa, le 15 février 1768, LOUIS-*Étienne*-FRANÇOIS, comte DE DAM
CRUX, né le 4 octobre 1735, fils de Louis-Alexandre de Damas, seigneur de Crux, et
Marie-Louise de Menou. Il fut l'un des menins du Dauphin, successivement brigadier
armées du Roy, maréchal de camp en 1780, et fut reçu chevalier des ordres du Roy
1er janvier 1784. Après l'émigration, le comte de Damas fut lieutenant général et pair
France. — Il mourut le 3 juillet 1814, sans enfants.

IIIe    2° *Charlotte*-AMÉDÉE-SALBIGOTHON, princesse DE BROGLIE, née à Paris le 12 juin 17
† à Heidelberg le 24 mai 1795. Elle épousa à Paris, le 5 mars 1774, FRANÇOIS-LOUIS, co
DE HELMSTATT, né le 17 octobre 1752, † au château de Hochhausen (grand-duché
Bade) le 3 avril 1811, fils de Damian Hugo, comte de Helmstatt, et de Isabelle, baronne
Knôrigen, et fils adoptif de Bleikard Maximilien, comte de Helmstatt. Successivement c
taine au régiment Royal-Allemand, colonel en second au régiment des hussards Esterh
il était colonel commandant du régiment de Bouillon au moment où éclata la révolu
de 1789. Ayant émigré, il fut aide de camp de son beau-père, le maréchal de Broglie
formait une armée. Après la campagne, il quitta le service avec le grade de maréchal
camp, et se retira au château de Hochhausen où il mourut en laissant un fils unique :

IVe    *Auguste*, comte DE HELMSTATT, né à Paris le 25 novembre 1776, † au châ
de Neckarbischofsheim (grand-duché de Bade) le 6 octobre 1842, était chambe
de Son Altesse Royale le grand-duc de Bade. Il épousa, le 21 avril 1806, FRANÇO
*Henriette* DE CETTO, née le 27 avril 1788, † à Paris le 25 mai 1848, fille de Anto
baron de Cetto, ministre plénipotentiaire de Sa Majesté le roi de Bavière à Pari
de Henriette Gazin. — De ce mariage naquirent deux fils :

Ve    1° *Charles*, comte DE HELMSTATT, chambellan de Sa Majesté le Roi
Bavière, puis conseiller de régence, né à Paris le 22 septembre 1807, † au
teau de Mulheim (Wurtemberg) le 19 juin 1868. Il avait épousé à Munich
24 novembre 1840, *Maria*-ANNA, comtesse DE SEINSHEIM, née à Salzbur
17 juillet 1813, † à Heidelberg le 17 juillet 1882, fille de Charles, comte
Seinsheim, et de Isabelle, comtesse de Lodron. — Ils n'ont pas eu d'enfants.

Ve    2° *Maximilien*-JOSEPH, comte DE HELMSTATT, né à Paris le 29 mai 1
sous-lieutenant au 1er dragons à sa sortie de Saint-Cyr, quitta le service av
grade de capitaine et décoré de la Légion d'honneur. Il se retira dans le gra
duché de Bade où il est chambellan de S. A. R. le grand-duc. Il épousa à
heim, le 25 février 1843, KATHARINA-FRANCISCA-*Auguste* DE LEOPRECHT

Baron de THIERS.

Maréchale de BROGLIE.

Comtesse de HELMSTATT.

Auguste, comte de HELMSTATT.

née à Manheim le 6 septembre 1823, fille de Charles-Auguste, baron de Leoprechting, et de Emma, baronne Petit de Maubuisson.

De ce mariage sont nés trois enfants :

1° *Henriette*-MARIE-AUGUSTE-NOTHELBURGA, comtesse DE HELMSTATT, dame de l'ordre royal de Thérèse de Bavière, née au château de Necharbischofsheim le 27 décembre 1843, † au château de Oberlauterbach (Bavière) le 28 novembre 1892, épousa, le 1ᵉʳ août 1867, *Wilhelm*, baron DE CETTO, né à Munich le 15 février 1845, fils de Maximilien, baron de Cetto, et de Amélie, comtesse de Portia-Portia.

De ce mariage naquirent sept enfants :

1° *Amélie*, baronne DE CETTO, née à Carlsruhe le 8 mai 1868

2° *Maximilien*, baron DE CETTO, né à Munich, le 8 octobre 1869, épouse au château de Hohenkammern (Bavière), le 8 février 1893, *Mechthildis*-MARIA-PIA, comtesse DE LEININGEN-BILLIGHEIM, née le 17 août 1870, fille de Charles-Wenzeslaus, comte de Leiningen-Billigheim, et de Maria-Christiana-Francisca, née comtesse d'Arco-Zinnenberg.

3° *Franz*, baron DE CETTO, né au château de Neckarbischofsheim le 3 juillet 1871

4° *Gabrielle*, baronne DE CETTO, née au château de Oberlauterbach (Bavière), le 25 août 1876

5° *Alice*, baronne DE CETTO, née à Landshùt (Bavière), le 16 avril 1879

6° *Adolphe*-ALPHONSE, baron DE CETTO, né à Landshùt le 21 octobre 1881

7° *Rudolph*-CAROLUS LAURENTIUS-MARIA, baron DE CETTO, né au château de Oberlauterbach le 14 janvier 1887

2° *Raban*, comte DE HELMSTATT, né au château de Neckarbischofsheim le 21 décembre 1844, député de la noblesse à la Chambre haute du grand-duché de Bade et chambellan de S. A. R. le grand-duc. Il épousa à

The left margin carries a table of degree markers and vertical column labels: *Baron de THIERS. · Maréchale de BROGLIE. · Comtesse de HELMSTATT. · Auguste, comte de HELMSTATT. · Maximilien, comte de HELMSTATT. · Raban, comte de HELMSTATT. · Victor, comte de HELMSTATT.*

Freiburg en Brisgau, le 23 août 1870, *Gabrielle* DE FALKENSTEIN, née à Freiburg le 21 juin 1853, fille de Franz, baron de Falkenstein, et de Auguste, baronne de Wangen-Geroldseck.

De ce mariage naquirent six enfants :

**VIIe** — 1° *Bleickard*-MAXIMILIEN, comte DE HELMSTATT, né à Freiburg le 4 septembre 1871

**VIIe** — 2° *Marie*-AUGUSTE, comtesse DE HELMSTATT, née au château de Rinsingen, près Freiburg, le 1er mai 1873

**VIIe** — 3° *Franz*, comte DE HELMSTATT, né au château de Hochhausen le 27 juillet 1874

**VIIe** — 4° *Ludwig*, comtesse DE HELMSTATT, née au château de Hochhausen le 5 octobre 1876

**VIIe** — 5° *Hildegarde*, comtesse DE HELMSTATT, née à Freiburg le 31 janvier 1879

**VIIe** — 6° *Gertrude*, comtesse DE HELMSTATT, née à Freiburg le 2 juillet 1884

**VIe** — 3° *Victor*, comte DE HELMSTATT, chambellan de S. A. R. le grand-duc de Bade, né au château de Neckarbischofsheim le 21 septembre 1851. Il épousa à Bruchsal (gd-duché de Bade), le 10 juillet 1877, *Marie*, comtesse DE STRACHWITZ, née au château de Arnsdorf, près Hirschberg (Silésie) le 21 août 1858, fille de Oscar, comte de Strachwitz, et de Hedwig, comtesse de Matuschka.

De ce mariage sont nés :

**VIIe** — 1° *Weiprecht*-MAXIMILIEN DE HELMSTATT, né à la villa de Handschusheim, près Heidelberg, le 21 avril 1878

**VIIe** — 2° *Auguste*-GERTRUDE DE HELMSTATT, née à la villa de Handschusheim le 26 juillet 1879

**VIIe** — 3° *Margaritha*-GEORGINA DE HELMSTATT, née à la villa de Handschusheim le 6 octobre 1880

4° *Élisabeth*-Gabrielle-Marie DE HELMSTATT, née à la villa de Handschusheim le 2 septembre 1882

5° *Hedwig*-Anna-Marie DE HELMSTATT, née à la villa de Handschusheim le 2 septembre 1882

3° *Charles*-Louis-Victor, prince DE BROGLIE, né à Paris le 22 septembre 1756, † à Gray sur l'échafaud révolutionnaire le 10 juillet 1794. Il fut en 1789 député aux États-Généraux par la noblesse de Colmar, et présida l'Assemblée nationale le 14 août 1791 ; il fut ensuite maréchal de camp à l'armée du Rhin et donna sa démission en 1792, ne voulant pas reconnaître le décret qui suspendait le roi de ses droits, et se retira avec sa famille en son château de Saint-Remy (Franche-Comté). C'est là qu'il fut arrêté avec sa femme et on l'emprisonna à Gray, tandis que sa femme fut mise dans la prison de Vesoul, d'où elle parvint à s'échapper ; quant au prince de Broglie il fut guillotiné à Gray le 10 juillet 1794. Il avait épousé, le 3 février 1779, *Sophie*-Rose, comtesse DE ROSEN, née à Paris le 16 mars 1764, † à Paris le 31 octobre 1828, fille unique d'Eugène-Augustin-Octave, comte de Rosen, maréchal de camp, et de Marie-Antoinette-Louise-Esprit-Juvénal-Claude de Herville des Ursins de Trame. — De ce mariage naquirent quatre enfants :

1° *Amélie*, princesse DE BROGLIE, née le 8 juillet 1781, † au château de Saint-Georges (Calvados) le 20 juin 1868. Elle épousa à Paris, en 1779, *Charles*-Théodose, marquis DE MOGES, † à Paris le 2 mars 1836, fils de Charles-Jean-Théodose, marquis de Moges-Buron, et de Hermine-Françoise d'Hariague. — De ce mariage naquit une fille unique :

*Armandine*-Sophie-Charlotte DE MOGES, née le 6 août 1800, † au château de Saint-Georges le 7 novembre 1864. Elle épousa à Paris, le 18 juin 1818, Alphonse-Gabriel-*Octave*, prince DE BROGLIE-REVEL, cousin-germain de sa mère (1).

2° *Constance*, princesse DE BROGLIE, née le 29 septembre 1782, † au château de Tracy, près Compiègne, le 28 septembre 1866. Elle épousa à Paris, le 28 mars 1801, Auguste-Louis dit *Victor* DES ACRES, comte DE L'AIGLE, né le 12 octobre 1766, † au château de Tracy le 27 août 1867, fils de Louis des Acres, marquis de l'Aigle, maréchal de camp, et de Anne-Espérance de Chauvelin. — Le comte de l'Aigle fut maréchal de camp, chevalier de Saint-Louis et officier de la Légion d'honneur. — De ce mariage naquirent trois enfants :

1° *Henri* DES ACRES, comte DE L'AIGLE, né à Paris le 8 janvier 1803, † au château de Tracy le 2 décembre 1875. Il épousa à Paris, le 6 avril 1831, *Pulchérie*-Félicité-Ghislaine DE WISCHER DE CELLES, née à Paris le 10 janvier 1811, fille d'Antoine-Philippe-Pierre-Guislain de Wischer, comte de Celles, ambassadeur, puis ministre des affaires étrangères en Belgique, et de Louise-Joséphine-Félicité de Tinbrune de Valence. La comtesse de l'Aigle † à Paris le 22 février 1888, en laissant deux filles :

(1) Pour sa filiation, voir à l'article du prince Octave DE BROGLIE-REVEL, page 39.

VI°

**1°** *Mathilde* DES ACRES DE L'AIGLE, née à Paris le 16 juin 1836, épousa, le 26 juillet 1859, *Maurice*, marquis DE GANAY, né à Florence (Italie) le 17 octobre 1832, † à Paris le 19 avril 1893, fils de Charles-Alexandre, marquis de Ganay, et d'Élisa-Calixte de Pourtalès.

VII°

De ce mariage naquit une fille unique :
> *Marianne* DE GANAY, née à Paris le 23 mai 1860

VI°

**2°** *Geneviève* DES ACRES DE L'AIGLE, née à Paris le 20 août 1839, épousa à Paris, le 2 mai 1863, BERNARD-AUGUSTE-*René*, comte DE MENTHON, né à Dôle (Jura) le 13 juillet 1833, fils de Bernard-Joseph-René, comte de Menthon, et de Valérie de Klinglin.

De ce mariage naquirent huit enfants :

VII°
> **1°** *Bernard* DE MENTHON, né à Paris le 6 mai 1864

VII°
> **2°** *Henry* DE MENTHON, né à Choisy (Jura) le 23 octobre 1865

VII°
> **3°** *François* DE MENTHON, né à Paris le 24 mars 1867, prêtre sortant de Saint-Sulpice, † au château de Menthon le 12 septembre 1892.

VII°
> **4°** *Antoine* DE MENTHON, né à Choisy le 6 juin 1868

VII°
> **5°** *Louis* DE MENTHON, né à Menthon (Savoie) le 4 avril 1871, † à Menthon le 10 octobre 1872.

VII°
> **6°** *Marguerite*-MARIE DE MENTHON, né à Tracy (Oise) le 21 octobre 1873

VII°
> **7°** *Anne* DE MENTHON, née à Tracy (Oise) le 25 septembre 1877

VII°
> **8°** *René* DE MENTHON, né à Dôle (Jura) le 21 novembre 1880

V°

**2°** *Jules* DES ACRES, vicomte DE L'AIGLE, né à Paris en avril 1805, † à Bagnères de Luchon le 7 juillet 1861. Il entra en 1821 à l'école de Saint-Cyr, fut sous-lieutenant au 17° régiment de chasseurs, fit la campagne d'Espagne, et était capitaine au 1er régiment de hussards lorsqu'il donna sa démission en 1836. Il épousa, en 1836, *Camille* GERMAIN, née à Paris en 1815, † à Compiègne le 6 janvier 1866, fille d'Auguste, comte Germain de Montforton, et de Constance-Jeanne-Stéphanie de Houdetot. — De ce mariage naquit un fils unique :

*Frédéric* DES ACRES, vicomte, et depuis la mort de son oncle, comte DE L'AIGLE, né à Paris le 2 avril 1839, † à Compiègne en septembre 1886 ; épousa à Paris, le 29 mai 1866, *Marie* DE GRAMONT, née à Paris le 31 mai 1846, fille d'Antoine-Léon-Philibert-Auguste, comte de Gramont, duc de Lesparre, et de Marie-Sophie de Ségur.

De ce mariage naquirent quatre enfants :

**1°** *Louis* DES ACRES, comte DE L'AIGLE, né à Paris le 6 juin 1867

**2°** *Marthe* DES ACRES DE L'AIGLE, née à Paris le 3 juin 1868, épousa à Paris, paroisse de Saint-Augustin, le 22 décembre 1891, *Edmond*-ARTHUR-GASTON-JULES, comte DE SAINTE-ALDEGONDE, né à Paris le 14 février 1866, fils du comte Casimir de Sainte-Aldegonde, et de la comtesse née Louise de Chevigné.

**3°** *Ida* DES ACRES DE L'AIGLE, née à Compiègne le 7 février 1872

**4°** *Henri* DES ACRES DE L'AIGLE, né à Compiègne le 17 septembre 1875, † à Compiègne le 29 juin 1882.

3° *Blanche* DES ACRES DE L'AIGLE, née à Paris le 9 février 1807. Elle épousa à Paris, le 15 juillet 1829, *Alphonse*-LOUIS-THÉODOSE, comte DE MOGES, né le 26 septembre 1789, † le 6 juillet 1850, fils de Jean-Baptiste-Léonor, vicomte de Moges, et de Hermine-Françoise de Moges-Buron, sa cousine. Le comte de Moges entra dans la marine et parvint au grade de vice-amiral en 1825. Il a concouru à l'expédition d'Alger, a exercé par deux fois le commandement difficile et si important de la station des Antilles et du Mexique. Lors du tremblement de terre du 11 janvier 1839, qui avait enseveli la ville de Fort-Royal sous des ruines, le comte de Moges sut faire face à tous les périls et sauvegarder tous les intérêts.

Il laissait deux fils :

1° *Alfred*, comte DE MOGES, né à Paris le 4 octobre 1830, fut secrétaire d'ambassade en Chine, † à Paris le 15 janvier 1861 (sans alliance).

2° *Paul*, comte, et après l'extinction de la branche aînée, marquis DE MOGES, né le 31 juillet 1833. Il épousa au château de Boussay (Indre-et-Loire), le 6 janvier 1864, *Alix* DE MENOU, née au château de Boussay le 11 septembre 1842, fille de Léonce, marquis de Menou, et de Blanche Hély de Saint-Saëns. (Voir page 34.)

**IV⁰** · Baron de THIERS. · Maréchale de BROGLIE. · Charles, prince de BROGLIE.

**3°** *Octavie*, princesse DE BROGLIE, née à Paris le 20 avril 1784, † au châtea▯ Boussay (Indre-et-Loire) le 10 février 1862, épousa au château des Ormes (Vienn▯ 7 janvier 1804, *François*, marquis DE MENOU, né au château de Boussay le 11 ▯ 1776, † au château de Boussay le 9 octobre 1841, fils de René-Louis-Charles, mar▯ de Menou, et de Anne-Michelle-Isabelle de Verneuil. — De ce mariage naqu▯ trois enfants :

**V⁰** · Marquise de MENOU.

**1°** RENÉE-*Octavie* DE MENOU, née le 9 août 1806, † au château de la Bre▯ nière (Vienne) le 16 février 1865, épousa à Paris, le 6 mai 1829, *Augu▯* ARNOULD PONTE, marquis DE NIEUIL, veuf en premières noces de Adèle de ▯ Mahon, né à Paris le 18 décembre 1790, † à Paris le 4 mars 1864, fils de Au▯ tin-Marie Ponte, marquis de Nieuil, et de Mˡˡᵉ de la Luzerne. — Pas d'enfa▯

**V⁰**

**2°** LOUIS-RENÉ-*Léonce*, marquis DE MENOU, né au château de Boussa▯ 14 décembre 1814, † au château de Boussay le 9 décembre 1891, épou▯ Paris, le 7 avril 1840, *Blanche*-AGLAÉ-JULIE HÉLY DE SAINT-SAËNS, né▯ Rouen le 30 octobre 1819, † au château de Boussay le 21 juin 1861, fill▯ Victor-Achille Hély de Saint-Saëns, et de Adélaïde-Jeanne-Julie Haillet de C▯ ronne. — De ce mariage naquirent quatre enfants :

**VI⁰** · Marquis de MENOU.

**1°** *Mathilde*-BLANCHE-JULIE DE MENOU, née à Paris le 31 janvier 18▯ épousa au château de Boussay, le 6 mai 1862, PAUL-MARIE-AUGU▯ *Amaury*, comte DE BECDELIÈVRE, né à Nantes le 16 octobre 1836, ▯ Nantes le 12 mars 1867, fils de Louis-Marie, comte de Becdelièvre, e▯ Alix-Blanche-Joséphine Leclerc de Vezin.

De ce mariage naquirent trois fils :

**VII⁰** · Comtesse de BECDELIÈVRE.

**1°** AMAURY-MARIE-*Léonce*, comte DE BECDELIÈVRE, né au ▯ teau de Boussay le 26 août 1863, épousa à Poitiers, le 14 nove▯ 1887, *Marguerite*-MARIE-ÉLISABETH-DOMINIQUE DE ROUAULT, n▯ Poitiers le 4 août 1867, fille de Louis-Alfred, comte de Rouault, ▯ Marie-Victoire de Pidoux.

De ce mariage naquirent deux filles :

**VIII⁰** · L., Cᵗᵉ de BECDELIÈVRE.

**1°** *Yvonne* DE BECDELIÈVRE, née à Chalandray (Vienn▯ 4 août 1888

**VIII⁰**

**2°** *Marthe* DE BECDELIÈVRE, née à Chalandray (Vienn▯ 9 janvier 1891

**VII⁰**

**2°** LOUIS-MARIE-*Éric* DE BECDELIÈVRE, né au château de Bou▯ le 20 avril 1865, lieutenant au 7ᵉ dragons, épousa à Meau▯ 16 juin 1891, *Cécile*-MARIE-ERNESTINE ROGER DE VILLERS, n▯ 20 octobre 1870, à Hyères, fille de Georges, comte de Viller▯ d'Élisabeth Meurine.

VII<sup>e</sup>

**3°** *Alain*-René-Marie DE BECDELIÈVRE, né au château de Boussay le 4 septembre 1866 ; entré dans la Compagnie de Jésus.

VI<sup>e</sup>

**2°** *Alix* DE MENOU, née au château de Boussay le 11 septembre 1842, épousa au château de Boussay, le 6 janvier 1864, *Paul*, marquis DE MOGES, son cousin, fils de Alphonse-Louis-Théodose, comte de Moges, vice-amiral, et de Blanche des Acres de l'Aigle. (Voir page 32.)

VI<sup>e</sup>

**3°** *René* DE MENOU, né au château de Boussay en janvier 1844, † au château de Boussay le 18 juin 1865.

VI<sup>e</sup>

**4°** Marie-*Blanche* DE MENOU, née au château de Boussay le 3 décembre 1850, épousa au château de Boussay, le 9 février 1870, *Jules*, vicomte DE GROLLIER, né au Plessis-de-Roye (Oise) le 23 août 1842, fils de Eugène-Pierre, marquis de Grollier, et de Marie-Charlotte-Rose-Julienne de Héricourt.

De ce mariage naquirent trois enfants :

VII<sup>e</sup>

**1°** *Marguerite*-Marie-Rose DE GROLLIER, née au château de Boussay le 22 janvier 1871, épouse à Paris, le 12 juillet 1892, *René*-Marie DUREY, comte DE NOINVILLE, capitaine au 147<sup>e</sup> régiment d'infanterie, né à Paris le 27 août 1857, fils de Paul-Marie-Gabriel-Charles, comte de Noinville, et de Marie-Charlotte de Laporte.

VII<sup>e</sup>

**2°** *Henry* DE GROLLIER, né au château de Boussay le 18 mars 1872, † au château de Boussay en bas âge.

VII<sup>e</sup>

**3°** *Alix*-Marie DE GROLLIER, née au château de Boussay le 22 janvier 1875

V<sup>e</sup>

**3°** *Octave*, comte et depuis la mort de son frère marquis DE MENOU, né au château de Boussay le 21 juillet 1818, épousa à Saint-Aignan-sur-Erre (Orne), le 30 mars 1848, *Céline* LANGLOIS D'AMILLY, née à Paris le 25 août 1829, fille de M. Langlois, comte d'Amilly, et de M<sup>lle</sup> de Houdetot.

De ce mariage sont nées deux filles :

VI<sup>e</sup>

**1°** *Thérèse* DE MENOU, née à Paris le 17 juin 1851, épousa à Paris, le 12 mai 1873, *Franz* PICOT, vicomte DE VAULOGÉ, né à Paris le 28 septembre 1845, fils du vicomte de Vaulogé et de M<sup>lle</sup> de Gérardin.

De ce mariage sont nées deux filles :

VII<sup>e</sup>

**1°** *Ghislaine* PICOT DE VAULOGÉ, née à Paris le 18 mars 1874

Baron de THIERS. — Maréchale de BROGLIE. — Charles, prince de BROGLIE. — Marquise de MENOU. — Octave, comte de MENOU. — Comtesse de la ROCHECANTIN.

VII° — 2° *Renée* PICOT DE VAULOGÉ, née à Paris le 12 décembre 187[...]

VI° — 2° *Madeleine* DE MENOU, née à Paris le 19 septembre 1856. Ell[e] épousa à Paris, le 30 juin 1879, *Olivier*-RENÉ-MARIE LE BAULT, comt[e] DE LA ROCHECANTIN, né à Freigné (Maine-et-Loire) le 18 février 1851 fils de Paul-Alphonse Le Bault de la Morinière et de Hermine-Marie d[e] Lesperonnière de Vritz.

De ce mariage sont nés :

VII° — 1° CHARLES-OCTAVE-OLIVIER-*Michel* LE BAULT DE LA MORINIÈRE, né à Paris le 15 septembre 1880

VII° — 2° *Hermine*-MARIE-MADELEINE-RENÉE LE BAULT DE LA MORI-NIÈRE, née à Paris le 4 novembre 1881

VII° — 3° ÉLIE-ÉDOUARD-*Hervé* LE BAULT DE LA MORINIÈRE, né à Paris le 5 mars 1883

VII° — 4° AUGUSTE-JULES-*Élie* LE BAULT DE LA MORINIÈRE, né à Paris le 12 juillet 1884

VII° — 5° *Guy*-JACQUES-JANVIER LE BAULT DE LA MORINIÈRE, né à Paris le 8 janvier 1890

VII° — 6° *Bernard*-PAUL-GERMAIN LE BAULT DE LA MORINIÈRE, né à Paris le 30 juillet 1891

IV° — 4° LÉONCE-*Victor*-CHARLES, duc DE BROGLIE et prince du Saint-Empire, pair de France, né à Paris le 30 novembre 1785, † à Paris le 25 janvier 1870. Ministre de l'Instruction publique le 11 août 1830, ministre des Affaires étrangères le 11 octobre 1832. Après la Révolution de 1848, nommé député par le département de l'Eure, il fut l'un des chefs de l'opposition à la République, et se retira des affaires publiques au coup d'État du 2 décembre 1851. — Le duc de Broglie avait épousé à Pise, le 16 février 1816, *Albertine*-IDA-GUSTAVINE DE STAËL, née à Paris le 8 juin 1797, † au château de Broglie (Eure) le 22 septembre 1838, fille de Éric-Magnus, baron de Staël-Hostein, diplomate suédois, et de Anne-Louise-Germaine Necker, célèbre par ses œuvres littéraires. — De ce mariage naquirent quatre enfants :

V° — 1° *Pauline*, princesse DE BROGLIE, née à Paris le 1er mai 1817, † à Paris le 22 décembre 1851.

**Degrés**

V<sup>e</sup>

Baron de THIERS.

Maréchale de BROGLIE.

Charles, prince de BROGLIE.

Victor, duc de BROGLIE.

Comtesse d'HAUSSONVILLE.

Othenin, comte d'HAUSSONVILLE.

VI<sup>e</sup>

VI<sup>e</sup>

VI<sup>e</sup>

VII<sup>e</sup>

VII<sup>e</sup>

VII<sup>e</sup>

VII<sup>e</sup>

V<sup>e</sup>

2° *Louise*, princesse DE BROGLIE, née à Paris le 25 mai 1818, † à Paris le 21 avril 1882. Elle épousa à Paris, en octobre 1836, *Othenin*-BERNARD-JOSEPH DE CLÉRON, comte D'HAUSSONVILLE, sénateur en 1878, membre de l'Académie française, né à Paris le 27 mai 1809, † à Paris le 28 mai 1884, fils de Louis-Bernard de Cléron, comte d'Haussonville, et de Marie-Thérèse Falcoz de la Blache. — Il avait débuté dans la diplomatie. Nommé député de Provins en 1842, il prit une part active aux travaux de la Chambre, mais il rentra dans la vie privée après la Révolution de 1848. — De ce mariage sont nés trois enfants :

1° *Victor*-BERNARD DE CLÉRON D'HAUSSONVILLE, né en septembre 1837, † le 10 mars 1838.

2° *Mathilde* DE CLÉRON D'HAUSSONVILLE, née à Coppet le 20 juillet 1839.

3° *Othenin*-BERNARD-GABRIEL DE CLÉRON, comte D'HAUSSONVILLE, né au château de Gurcy (Seine-et-Marne) le 21 septembre 1843, est un écrivain distingué, membre de l'Académie française. Il a fait partie de la Chambre de 1871, et est actuellement représentant de M<sup>gr</sup> le Comte de Paris. Il épousa à Paris, le 24 octobre 1865, EUGÉNIE-EULALIE-*Pauline* TRÉVOR-DOUGLAS-BERNARD D'HARCOURT, née à Paris le 4 mars 1846, fille de Georges-Trévor-Douglas-Bernard d'Harcourt et de Paule de Sainte-Aulaire.

De ce mariage sont nées :

1° *Aleth*-PAULE-MATHILDE-ALBERTINE DE CLÉRON D'HAUSSON-VILLE, née à Saint-Eusoge (Yonne) le 23 octobre 1867

2° *Élisabeth*-LOUISE-ADÈLE-THÉRÈSE DE CLÉRON D'HAUSSON-VILLE, née au château de Gurcy le 26 novembre 1869, épousa à Paris, le 5 mai 1892, JACQUES-*Henri*-LÉONOR, comte LE MAROIS, né à Rosny (Eure) en août 1863, fils de Napoléon-Jules, comte Le Marois, et de Julie-*Marie*-Ernestine d'Estourmel.

3° *Mathilde*-MARIE-BERNARDINE-STÉPHANIE DE CLÉRON D'HAUS-SONVILLE, née à Paris le 26 décembre 1874

4° *Madeleine*-GEORGINA-GERMAINE DE CLÉRON D'HAUSSONVILLE, née à Paris le 1<sup>er</sup> juin 1878

3° CHARLES-VICTOR-*Albert*, duc DE BROGLIE, prince du Saint-Empire, né à Paris le 13 juin 1821. Fut élu membre de l'Académie française le 20 février 1862. Élu député du département de l'Eure le 8 février 1871, il fut nommé ambassadeur à Londres. A l'avènement du maréchal de Mac-Mahon à la présidence de la République, le duc de Broglie fut chargé par lui de former un ministère, dans lequel il prit le portefeuille des Affaires étrangères ; il quitta le ministère en mai 1874. En 1875, il fut nommé sénateur. Le 16 mai 1877, il revint au pouvoir et fut président du Conseil avec le portefeuille de la Justice, et se retira le 20 novembre de la même année. Aussi remarquable comme écrivain que comme orateur, il a fait des ouvrages très estimés. Il épousa à Paris, le 18 juin 1845, Joséphine-Éléonore-Marie-*Pauline* DE GALARD DE BRASSAC DE BÉARN, née à Paris le 25 juin 1825, † à Cannes le 28 novembre 1860, fille de Louis-Hector de Galard de Brassac, comte de Béarn, et de Coralie-Constance-Éléonore Le Marois, sa première femme.

**VI<sup>e</sup>** De ce mariage sont nés cinq fils :

1° LOUIS - ALPHONSE - *Victor*, prince DE BROGLIE, né à Rome le 31 octobre 1846, a été chef de bataillon au 17<sup>e</sup> régiment territorial d'infanterie. Il épousa à Paris, le 26 septembre 1871, *Pauline*-CÉLESTINE-LOUISE-MARIE DE LA FOREST D'ARMAILLÉ, née à Paris le 22 décembre 1851, fille de *Louis*-Albert-Marie de la Forest, comte d'Armaillé, et de Célestine-Marie-Amélie de Ségur.

**VII<sup>e</sup>** De ce mariage sont nés :

1° *Albertine*-CHARLOTTE-PAULINE, princesse DE BROGLIE, née à Paris le 4 décembre 1872, épousa à Paris, le 26 mai 1891, *Pierre*, marquis DE LUPPÉ, né au château de la Grange (Gironde) le 26 octobre 1866.

**VIII<sup>e</sup>** De ce mariage est né :

1° *Charles*-CÉLESTIN-LOUIS-PIERRE DE LUPPÉ, né à Paris le 13 février 1892

**VII<sup>e</sup>** 2° LOUIS-CÉSAR-VICTOR-*Maurice*, prince DE BROGLIE, né à Paris le 27 avril 1875

**VII<sup>e</sup>** 3° *Philippe*-AMÉDÉE-MARIE, prince DE BROGLIE, né à Paris le 6 décembre 1881, † à Paris le 18 mai 1890.

**VII<sup>e</sup>** 4° *Pauline*-LAURE-MARIE, princesse DE BROGLIE, née à Paris le 5 février 1888

**VII<sup>e</sup>** 5° *Louis*-VICTOR-PIERRE-RAYMOND, prince DE BROGLIE, né à Dieppe le 15 août 1892

**VI<sup>e</sup>** 2° *Maurice*, prince DE BROGLIE, né à Rome le 18 février 1848, † au château de Broglie le 22 octobre 1862.

Baron de THIERS.

Maréchale de BROGLIE.

Charles, prince de BROGLIE.

Victor, duc de BROGLIE.

Albert, duc de BROGLIE.

Amédée, prince de BROGLIE.

François, prince de BROGLIE.

3° HENRY-*Amédée*, prince DE BROGLIE, né à Paris le 8 février 1849. Il suit la carrière militaire et est actuellement chef d'escadron breveté d'état-major au 30ᵉ d'artillerie. Il épousa à Paris, le 8 juin 1875, *Marie*-CHARLOTTE-CONSTANCE SAY, née à Verrières-le-Buisson (Seine-et-Oise) le 25 août 1857, fille de Constant-André Say et de Jeanne-Marie-Émilie Wey.

De ce mariage sont nés :

1° EUGÈNE-MARIE-*Albert*, prince DE BROGLIE, né à Paris le 16 mars 1876

2° JEAN-VICTOR-AMÉDÉE-MARIE-*Jacques*, prince DE BROGLIE, né à Paris le 10 décembre 1878

3° FRANÇOIS-MARIE-CONSTANT-AMÉDÉE-*Robert*, prince DE BROGLIE, né à Paris le 29 novembre 1880

4° STÉPHANIE-PAULINE-MARIE-AMÉDÉE-*Marguerite*, princesse DE BROGLIE, née à Paris le 20 avril 1883

4° *François*-MARIE-ALBERT, prince DE BROGLIE, né à Paris le 16 décembre 1851. Sorti de Saint-Cyr en 1871, il se distingua particulièrement à l'attaque du fort d'Issy, où il fut grièvement blessé, et fut nommé pour ce fait chevalier de la Légion d'honneur. Est actuellement chef de bataillon breveté d'état-major au 66ᵉ de ligne, à Tours. Il épousa à Paris, à la chapelle des Carmes, le 12 juillet 1884, JEANNE-*Émeline* CABOT DE DAMPMARTIN, née à Paris le 21 juillet 1864, fille de Jean-Anatole Cabot, vicomte de Dampmartin, et de Marie-Joséphine de Bésenval.

De ce mariage naquirent :

1° *Jean*-AMÉDÉE-MARIE-ANATOLE, prince DE BROGLIE, né à Paris le 17 janvier 1886

2° MARIE-ALBERT-*Guillaume*, prince DE BROGLIE, né à Paris le 21 mars 1888

3° EUGÈNE-MARIE-*Amédée*, prince DE BROGLIE, né à Paris le 8 mars 1891

5° CÉSAR-PAUL-*Emmanuel*, prince DE BROGLIE, né à Paris le 22 avril 1854

Baron de THIERS.    Maréchale de BROGLIE.    Ch<sup>les</sup>, p<sup>ce</sup> de BROGLIE.    Victor, duc de BROGLIE.    Auguste-Joseph, prince de BROGLIE-REVEL.    Octave, prince de BROGLIE-REVEL.    A<sup>te</sup>, p<sup>ce</sup> de BROGLIE-REVEL.

**V<sup>e</sup>**

4° Auguste-Théodose-*Paul*, prince DE BROGLIE, né à Auteuil le 18 [...] 1834. Après avoir été à l'École polytechnique, il entra dans la marine en [...] et fut lieutenant de vaisseau le 16 août 1862; il donna sa démission en [...] pour embrasser l'état ecclésiastique, où il était appelé par une vocation ir[...] tible. Il est aujourd'hui professeur à l'Institut catholique de Paris.

**III<sup>e</sup>**

4° *Auguste*-JOSEPH DE BROGLIE, prince DE RÉVEL, né au château de Brogl[...] 31 octobre 1762, † à Schwilman (Westphalie) le 26 janvier 1795, suivit la carrière [...] armes et était capitaine au régiment d'Aunis lorsqu'il émigra en 1789. Il épousa à Par[...] l'église Saint-Sulpice, le 9 avril 1782, *Françoise*-ANGÉLIQUE DE LA BROUSSE DE [...] TEILLAC, née le 9 décembre 1760, † au château de Saint-Georges (Calvados) le 21 [...] 1855, fille de César-Pierre Thibaut de la Brousse, marquis de Verteillac, et de M[...] Louise de Saint-Quintin de Blet. — De ce mariage naquirent :

**IV<sup>e</sup>**

1° *Auguste*-CÉSAR-VICTOR, prince DE BROGLIE-REVEL, né à Paris le 16 avril 1[...] tué à Austerlitz le 2 décembre 1805. Sans alliance.

**IV<sup>e</sup>**

2° ALPHONSE-GABRIEL-*Octave*, prince DE BROGLIE-REVEL, né à Paris le 11 nov[...] bre 1785, † au château de Saint-Georges le 31 août 1865. Ayant suivi ses parent[...] émigration, il entra à l'école des Cadets, à Saint-Pétersbourg, le 20 décembre 1[...] Il fit les campagnes d'Autriche, de Pologne et de Saxe. Il fut nommé colone[...] 4 octobre 1813. Blessé grièvement à Friedland, il reçut l'Épée d'or accordée à la [...] voure. Il rentra en France en 1816, où il eut le grade de colonel et celui de maré[...] de camp le 16 octobre de la même année. Pendant l'occupation, après la camp[...] d'Espagne, il fut commandant supérieur de Pampelune. Enfin, il commanda l'é[...] militaire de Saint-Cyr du 17 décembre 1826 au 13 août 1830, époque à laquel[...] donna sa démission. Il était chevalier de Saint-Louis, officier de la Légion d'honn[...] commandeur de l'ordre de Malte, chevalier de l'ordre de Saint-Georges de Russ[...] décoré de plusieurs ordres d'Espagne et de Prusse. Il épousa à Paris, le 18 juin 1[...] en l'église de Saint-Sulpice, *Armandine*-SOPHIE-CHARLOTTE DE MOGES, sa cousine, [...] le 6 août 1800, † au château de Saint-Georges le 7 novembre 1864, fille de Cha[...] marquis de Moges, et d'Amélie, princesse de Broglie. (Voir page 30.) — D[...] mariage naquirent trois enfants :

**V<sup>e</sup>**

1° *Alix*, princesse DE BROGLIE-REVEL, née en 1819, † en 1823.

**V<sup>e</sup>**

2° *Auguste*, prince DE BROGLIE-REVEL, né à Paris le 6 avril 1822, [...] Auteuil le 25 juin 1867. Il épousa à Paris, en l'église de la Madeleine, le 13 [...] 1851, *Pauline* DE VIDART, née à Paris le 27 mars 1827, † au château de Sa[...] Georges le 29 octobre 1868, fille de Jean-Louis-Joseph, vicomte de Vidart, e[...] Antoinette-Clémence Poulletier de Verneuil. — De ce mariage naquirent qu[...] enfants :

**VI<sup>e</sup>**

1° *Henry*, prince DE BROGLIE-REVEL, né à Paris le 20 avril 185[...] épousa à Paris, en l'église de la Madeleine, le 20 juin 1877, *Geneviève* [...] CLERMONT-TONNERRE, née à Lormois (Seine-et-Oise) le 7 juillet 18[...] † à Versailles le 12 juin 1880, fille de Sosthène, comte de Clermont-T[...] nerre, et de Laure Bégé.

<table>
<tr><td>Degrés</td><td></td></tr>
</table>

**VII<sup>e</sup>** — Baron de THIERS.
**VI<sup>e</sup>** — Maréchale de BROGLIE.
**VI<sup>e</sup>** — Auguste-Joseph, prince de BROGLIE-REVEL.
— Octave, prince de BROGLIE-REVEL.
— Auguste, prince de BROGLIE-REVEL.

De ce mariage est né un fils :

> *Auguste*, prince DE BROGLIE-REVEL, né au château de Saint-Georges le 22 août 1878

2° *Charles*, prince DE BROGLIE-REVEL, né à Paris le 18 mars 1854, élève de Saint-Cyr, puis officier de hussards, a donné sa démission pour entrer au couvent de la Grande-Chartreuse.

3° ARMAND-ÉDOUARD-MARIE-*Georges*, prince DE BROGLIE-REVEL, né à Pont-Sainte-Maxence (Oise) le 13 mai 1856. Il est entré à Saint-Cyr en 1875, et est actuellement capitaine commandant au 6<sup>e</sup> régiment de dragons. Il épousa à Paris, à Saint-Pierre de Chaillot, le 4 août 1886, *Léontine* COSTA DE BEAUREGARD, fille d'Albert, marquis Costa de Beauregard, et d'Émilie de Choiseul.

De ce mariage naquirent :

**VII<sup>e</sup>** — G<sup>ges</sup>, p<sup>ce</sup> de BROGLIE-REVEL.
**VII<sup>e</sup>**

> 1° *Charles-Albert*-RAYMOND, prince DE BROGLIE-REVEL, né à Évreux le 23 juin 1887
>
> 2° *Guy*-MARIE-ADOLPHE, prince DE BROGLIE-REVEL, né à Provins le 3 février 1889

**VI<sup>e</sup>** — 4° *Louise*, princesse DE BROGLIE-REVEL, née à Paris le 3 décembre 1864, épousa à Paris, en l'église de Sainte-Clotilde, le 7 juin 1886, *Renaud*-MARIE, marquis DE TRAMECOURT, né à Éverly (Seine-et-Marne) le 7 janvier 1863, † à Menton le 14 mars 1887. Il était fils de Gustave, comte de Tramecourt, et de Marie de Clermont-Tonnerre.

**V<sup>e</sup>** — 3° *Raymond*, prince DE BROGLIE-REVEL, né au château de Saint-Georges le 15 mai 1826, épousa au château de Saint-Georges, le 22 janvier 1855, *Marie* DE VIDART, née à Paris le 26 octobre 1836, fille de Jean-Louis-Joseph, vicomte de Vidart, et de Antoinette-Clémence Poulletier de Verneuil.

De ce mariage sont nés sept enfants :

**VI<sup>e</sup>** — R<sup>nd</sup>, p<sup>ce</sup> de BROG.-REVEL.
1° *Joseph*, prince DE BROGLIE-REVEL, né à Paris le 11 avril 1861. Il a embrassé l'état religieux et est entré dans l'ordre des Jésuites.

**VI<sup>e</sup>** — 2° *Louis*-ANTOINE-MARIE, prince DE BROGLIE-REVEL, né à Pont-Sainte-Maxence (Oise) le 27 mai 1862. Entré à Saint-Cyr en 1884 et officier au 6<sup>e</sup> dragons, donna sa démission en 1891. Il épousa à Paris, en l'église

*Colonnes généalogiques (en-têtes verticaux) :* Baron de THIERS. — Maréchale de BROGLIE. — Auguste-Joseph, prince de BROGLIE-REVEL. — Octave, prince de BROGLIE-REVEL. — Raymond, prince de BROGLIE-REVEL. — Lᵉ, pᶜᵉ de BROGL.-REVEL. — Simpl., bⁿᵉ de NICOLAÏ.

de Sainte-Clotilde, le 19 août 1890, *Louise* DE MONTGERMONT, fille
Louis de Montgermont et de Jeanne Schnetz.

De ce mariage sont nés :

**VIIᵉ** — 1° *Madeleine*, princesse DE BROGLIE-REVEL, née à Évreux
14 juin 1891

**VIIᵉ** — 2° *Joseph*, prince DE BROGLIE-REVEL, né à Paris le 20 mai 18

**VIᵉ** — 3° *Octave*, prince DE BROGLIE-REVEL, né au château de Saint-Georg
le 13 août 1863

**VIᵉ** — 4° *Augustin*-PAUL-MARIE-JOSEPH, prince DE BROGLIE-REVEL, né
château de Saint-Georges le 11 novembre 1864. Entré à Saint-Cyr en 188
lieutenant au 8ᵉ chasseurs à cheval, actuellement à l'École de Guerre.

**VIᵉ** — 5° *Paul*, prince DE BROGLIE-REVEL, né au château de Saint-Georg
le 12 avril 1868. Il a embrassé l'état religieux et est entré dans l'ordre d
Jésuites.

**VIᵉ** — 6° *Amélie*, princesse DE BROGLIE-REVEL, née au château de Sai
Georges le 4 janvier 1871

**VIᵉ** — 7° *Charles*, prince DE BROGLIE-REVEL, né au château de Sai
Georges le 25 mai 1874

**IVᵉ** — 3° ALEXANDRINE-*Simplicie*, princesse DE BROGLIE-REVEL, née au château
Broglie le 18 janvier 1787, † à Copenhague le 28 mars 1824. Elle avait épousé
Monrepos (Finlande), le 26 février 1811, *Paul*, baron DE NICOLAÏ, né à Saint-Péte
bourg le 17 juin 1777, † à Monrepos le 28 avril 1866, fils de Henry, baron de Nicol
et de Jeanne Poggenpotel. Il fut secrétaire d'ambassade à Londres et à Stockolm
ministre plénipotentiaire à Copenhague en 1878, où il resta sur sa demande jusq
l'époque de sa retraite. — De ce mariage naquirent neuf enfants :

**Vᵉ** — 1° *Marie*-SIMPLICIE, baronne DE NICOLAÏ, née à Stockolm le 11 janvier 18
† à Reval (Esthonie) le 22 mai 1877. Elle épousa à Saint-Pétersbourg, le 6 j
1837, *Pierre*-HERMANN DE BARANOFF, né à Reval le 20 juillet 1799, † à Re
le 21 janvier 1871, fils de Charles de Baranoff et de Marguerite de Guldenh
Il fut général major, puis lieutenant général aux sapeurs, et quitta le serv
pour cause de santé en 1848.

De ce mariage naquirent cinq enfants :

1° *Marie*-CAROLINE-PAULINE DE BARANOFF, née à Kieff le 12 mai 1838

2° *Alexandrine*-LOUISE-CAROLINE DE BARANOFF, née à Kieff le 22 janvier 1840. Elle épousa à Reval, le 8 février 1874, *Nicolas* DE KNORING, † le 20 février 1886. Pas d'enfants.

3° *Charles*-GUSTAVE-OCTAVE DE BARANOFF, né à Kieff le 8 février 1842, colonel du régiment de lanciers de la garde et aide de camp de S. A. I. le grand-duc Michel Nicolæwitch, † sans alliance le 8 mai 1892.

4° *Pierre*-PAUL-ALEXANDRE DE BARANOFF, né à Reval le 21 mai 1843, chef du cadre de réserve de la cavalerie de la garde. Il épousa à Bruxelles, le 21 mai 1882, *Olga* DE BIBIKOFF, née à Saint-Pétersbourg le 6 mars 1847, fille du général Valérien de Bibikoff.

De ce mariage naquit :

*Olga* DE BARANOFF, née à Saint-Pétersbourg le 13 février 1883

5° *Pauline*-JEANNETTE DE BARANOFF, née à Varsovie le 20 avril 1846, † à Reval le 13 février 1855.

2° *Octavie*, baronne DE NICOLAÏ, née à Londres le 8 février 1813. Elle épousa à Saint-Pétersbourg, le 5 juin 1833, *Alexandre* DE SOUTHOFF, né à Saint-Pétersbourg le 21 décembre 1800, † à Saint-Pétersbourg le 5 juin 1874, fils de Nicolas de Southoff et de Hedwige Oréus. Il était général commandant l'école des Cadets. Lorsqu'il quitta le service militaire, il fut nommé membre du Conseil de l'Empire.

De ce mariage naquirent sept enfants :

1° *Alexandrine* DE SOUTHOFF, née à Saint-Pétersbourg le 17 avril 1834, † à Saint-Pétersbourg le 9 mars 1883. Elle épousa à Saint-Pétersbourg, le 4 février 1863, *Jean* D'ANITCHKOFF, né à Saint-Pétersbourg en juillet 1830, fils de Dmitri d'Anitchkoff et de Anne Lanskoy.

De ce mariage naquirent cinq enfants :

1° *Alexandre* D'ANITCHKOFF, né à Saint-Pétersbourg le 26 novembre 1863

2° *Dmitri* D'ANITCHKOFF, né à Saint-Pétersbourg le 21 janvier 1866

Baron de THIERS.  
Maréchale de BROGLIE.  
Auguste-Joseph, prince de BROGLIE.  
Simplicie, baronne de NICOLAÏ.  
Octavie de SOUTHOFF.  
Alexandrine d'ANITCHKOFF.

VII° **3°** *Jean* D'ANITCHKOFF, né à Saint-Pétersbourg le 9 février 18

VII° **4°** *Anna* D'ANITCHKOFF, née à Saint-Pétersbourg le 19 fév. 1873

VII° **5°** *Olga* D'ANITCHKOFF, née à Saint-Pétersbourg le 21 mars 18

VI° **2°** *Nicolas* DE SOUTHOFF, né à Saint-Pétersbourg le 23 octobre 18 † à Saint-Pétersbourg le 14 juin 1836.

VI° **3°** *Nicolas II* DE SOUTHOFF, né à Saint-Pétersbourg le 13 janv. 1837, † à Saint-Pétersbourg le 29 janvier 1838.

VI° **4°** *Octavie* DE SOUTHOFF, née à Saint-Pétersbourg le 14 juillet 18 † à Saint-Pétersbourg le 13 avril 1843.

VI° **5°** *Paul* DE SOUTHOFF, né à Saint-Pétersbourg le 30 décembre 184 † à Saint-Pétersbourg le 8 avril 1843.

VI° **6°** *Michel* DE SOUTHOFF, né à Saint-Pétersbourg le 11 septembre 184 épousa à Florence, le 28 février 1881, *Maria* CONTE, née à Naples 19 novembre 1858, fille d'Auguste Conte, diplomate espagnol, et de M Macdonell.

De ce mariage naquirent :

Michel de SOUTHOFF.

VII° **1°** *Alexandre* DE SOUTHOFF, né à Saint-Pétersbourg le 28 juil. 1882, † à Florence le 23 mars 1884.

VII° **2°** *Marguerite*-LOUISE-IDA-MARIE-RAYMONDE DE SOUTHOFF, née Florence le 18 octobre 1883

VII° **3°** *Georges* DE SOUTHOFF, né à Florence le 2 juillet 1890

VII° **4°** *Octavie* DE SOUTHOFF, née à Florence le 1er mars 1891

VI° **7°** *Paul II* DE SOUTHOFF, né à Saint-Pétersbourg le 24 mai 1852, † Saint-Pétersbourg le 8 juin 1852.

V° **3°** *Alexandrine*-CATHERINE-HENRIETTE, baronne DE NICOLAÏ, née à Lond. le 14 juin 1814, † à Saumur le 12 mars 1886, épousa au château de Sai Georges (Calvados), le 6 août 1884, *Adrien* GAUDIN DE VILLAINE, né à Vire 14 mai 1800, † à Avranches le 20 juillet 1876. Il fut colonel du 10° chasseu et général en 1853. Il commanda pendant la campagne d'Italie la brigade cavalerie du 2° corps, sous les ordres du maréchal de Mac-Mahon, et fut commandeur de la Légion d'honneur. — De ce mariage naquirent six enfan

VI° **1°** *Auguste* GAUDIN DE VILLAINE, né à Saint-Jean de Corail (Mancl le 15 février 1846, † à Moulins (Allier) le 24 septembre 1848.

2° *Louise* GAUDIN DE VILLAINE, née à Saint-Jean de Corail le 6 octobre 1847, † à Moulins le 12 septembre 1848.

3° *Charlotte* GAUDIN DE VILLAINE, né à Saint-Jean de Corail le 8 juillet 1849, † à Castres (Tarn) le 30 novembre 1850.

4° *Auguste II* GAUDIN DE VILLAINE, né à Moulines (Manche) le 24 avril 1851. Il suit la carrière militaire et fut nommé officier de cavalerie à sa sortie de l'École militaire de Saint-Cyr; il fut ensuite sous-directeur des études à l'École de Saumur, entra le premier et sortit le premier de l'École supérieure de guerre. Il a été attaché militaire à Copenhague, et est actuellement lieutenant-colonel du 3e hussards, à Verdun, et chevalier de la Légion d'honneur. Il a épousé à Paris, en l'église de Saint-Augustin, le 5 mars 1877, *Marie* DE VEDEL, née à Paris le 14 août 1852, fille de Dominique-Henri, comte de Vedel, et de Cécile-Estelle Peigné.

De ce mariage sont nés :

1° *Adrien*-DOMINIQUE-PAUL GAUDIN DE VILLAINE, né à Paris le 12 août 1878

2° *Jeanne*-MADELEINE-PAULINE-MARIE GAUDIN DE VILLAINE, née à Orléans le 19 avril 1880

3° *Edmond* - MICHEL - HENRI - MARIE GAUDIN DE VILLAINE, né à Paris le 24 novembre 1881

4° *Raymond*-MARIE-AUGUSTE GAUDIN DE VILLAINE, né à Saumur le 23 avril 1885

5° MARIE-*Madeleine* GAUDIN DE VILLAINE, née à Provins le 6 mars 1887

6° *Paul*-MARIE GAUDIN DE VILLAINE, né à Copenhague le 3 septembre 1889

5° *Sylvain* GAUDIN DE VILLAINE, né à Moulines (Manche) le 11 décembre 1852. Député du département de la Manche, il épousa à Avranches (Manche), le 5 décembre 1878, *Madeleine* LE BOUCHER DUVIGNY, née à Bizanos (Basses-Pyrénées) le 5 septembre 1856, fille de Louis-René-Marie Le Boucher Duvigny et de Louise-Élisabeth-Amélie Duport Saint-Victor.

De ce mariage sont nées :

VII°

VII°

VI°

V°

V°

V°

VI°

VI°

VI°

VI°

VI°

VII°

VII°

V°

*Baron de THIERS.*

*Maréchale de BROGLIE.*

*Auguste-Joseph, prince de BROGLIE-REVEL.*

*Simplicie, baronne de NICOLAÏ.*

*Alexandrine GAUDIN de VILLAINE.*

*Sylv. GAUDIN de VILLAINE.*

*Nicolas, baron de NICOLAÏ.*

*Comtesse de PAHLEN.*

**1°** *Renée* GAUDIN DE VILLAINE, née à Avranches le 19 octob 1879

**2°** *Anna* GAUDIN DE VILLAINE, née à Avranches le 21 jui 1882

**6°** *Octave* GAUDIN DE VILLAINE, né à Moulines (Manche) le 4 févr 1856, † à Versailles le 23 juillet 1857.

**4°** *Victor* DE NICOLAÏ, né à Londres en 1815, † la même année.

**5°** *Louis* DE NICOLAÏ, né à Londres en 1817, † la même année.

**6°** *Nicolas*, baron DE NICOLAÏ, né à Copenhague le 16 décembre 1818, † Baden-Baden le 7 juin 1869. Il a été ministre de Russie à Berne, puis à Cope hague. Il épousa au château de Suddenbach (Livonie), le 3 juillet 1853, *Soph* baronne DE MEYENDORFF, née à Mittau (Courlande) le 26 février 1835, fil de Georges, baron de Meyendorff, et de Sophie, comtesse de Stackelberg.

De ce mariage naquirent cinq enfants :

**1°** *Louise*, baronne DE NICOLAÏ, née à Saint-Pétersbourg le 7 mai 185 † à Berlin le 2 janvier 1856.

**2°** *Marie*, baronne DE NICOLAÏ, née à Berlin le 10 janvier 1856

**3°** *Alexandrine*, baronne DE NICOLAÏ, née à Londres le 25 octobre 18

**4°** *Paul*, baron DE NICOLAÏ, né à Berne le 14 juillet 1860

**5°** *Sophie*, baronne DE NICOLAÏ, née à Copenhague le 1er mai 186 mariée en septembre 1890, à Monrepos (Finlande), au comte *Constant* DE PAHLEN, gentilhomme de la chambre de Sa Majesté l'Empereur Russie.

De ce mariage naquirent :

**1°** *Marguerite* DE PAHLEN, née en juin 1891

**2°** *Sophie* DE PAHLEN, née en juin 1892

**7°** *Louis II*, baron DE NICOLAÏ, né à Copenhague le 19 janvier 1820. Il ava embrassé la carrière militaire et commanda plusieurs expéditions au Caucase Il fut grièvement blessé dans l'une d'elles par une balle qui lui traversa le cou Il obtint encore jeune, à cause de ses services, le grade de lieutenant généra

Baron de THIERS. — Maréchale de BROGLIE. — Auguste-Joseph, prince de BROGLIE-REVEL. — Simplicie, baronne de NICOLAÏ. — Alexandre, baron de NICOLAÏ.

**Ve** — et fut nommé aide de camp général de l'empereur Alexandre II. Il se fit catholique et entra au couvent de la Grande-Chartreuse, où il mourut le 2 février 1891.

8° *Alexandre*, baron DE NICOLAÏ, né à Copenhague le 9 mars 1821. Il fit d'abord partie de la chancellerie du prince Vorongoff, gouverneur du Caucase, fut chargé de l'administration civile de cette province, nommé ensuite curateur de l'Université de Kieff, puis ministre de l'Instruction publique. Il est maintenant sénateur et membre du Conseil de l'Empire. Il épousa à Tiflis (Géorgie), en septembre 1850, *Sophie*, princesse DE TCHAVSCHAVADZÉ, née à Tiflis le 4 octobre 1833, † à Kieff le 30 mars 1862, fille de Alexandre, prince de Tchavschavadzé.

De ce mariage sont nées trois filles :

**VIe** — 1° *Nina*, baronne DE NICOLAÏ, née à Tiflis le 16 avril 1856, † à Tiflis le 10 mai 1864.

**VIe** — 2° *Marie*, baronne DE NICOLAÏ, née à Tiflis le 22 janvier 1859. Elle épousa à Monrepos (Finlande), le 11 août 1879, *Georges*, prince SCHERVACHIDZÉ, gouverneur de Tiflis, né à Tiflis le 14 janvier 1847, fils de Dmitri, prince de Schervachidzé.

De mariage naquit :

**VIIe** — *Dmitri*, prince SCHERVACHIDZÉ, né à Tiflis le 20 mai 1880

**VIe** — 3° *Olga* DE NICOLAÏ, née à Kieff le 18 mars 1862, † à Saint-Pétersbourg le 15 avril 1863.

**Ve** — 9° *Simplicie*, baronne DE NICOLAÏ, née à Copenhague le 15 mars 1824. Elle a embrassé la vie monastique et est actuellement supérieure de la communauté de la Sainte-Famille, à la Délivrande, près Caen.

**IVe** — 4° *Charles*-FRANÇOIS-LADISLAS, prince DE BROGLIE, né le 18 octobre 1788, †† à Culm le 29 août 1813. Sans alliance.

**IIIe** — 5° *Adélaïde*-FRANÇOISE, princesse DE BROGLIE, née au château de Broglie le 19 juin 1764, † au château de Rânes (Orne) le 18 janvier 1852. Elle épousa à Paris, le 9 avril 1782, ADÉLAÏDE-MARIE-*Stanislas*, marquis DE BOISSE, lieutenant général, né le 11 avril 1762, † à Rânes le 20 novembre 1834, fils de Ambroise-Joseph-François-Duhem, marquis de Boisse, et de Anne-Marguerite de Bassompierre. Pas d'enfants.

**IIIe** — 6° *Charles*-LOUIS-VICTOR, prince DE BROGLIE, né à Paris le 28 août 1765, † à Londres le 13 septembre 1849. Il avait embrassé l'état ecclésiastique.

**IIIe** — 7° *Maurice*-JEAN-MADELEINE, prince DE BROGLIE, né au château de Broglie le 5 septembre 1766, † à Paris le 20 juillet 1821. Il fut ordonné prêtre à Trèves le 11 mars 1792. Sacré à Paris évêque d'Acqui le 17 novembre 1805, il fut nommé évêque de Gand en 1807. Disgracié en 1809 par l'empereur Napoléon, pour avoir refusé de prêter le serment de la Légion d'honneur, il fut enfermé au château de Vincennes le 12 juillet 1811. Pour avoir ensuite défendu les droits de l'Église à l'Assemblée du clergé à Paris, il fut relégué à l'île Sainte-Marguerite le 6 mars 1812. Il fut rendu à son Église, et rentra à Gand le 24 mai 1814. Cité au tribunal de Bruxelles en février 1817, pour son opposition au nouveau plan d'instruction publique, il quitta la Belgique le 17 mars de la même année, et fut condamné au bannissement. Il se retira en France et mourut peu d'années après. Son corps a été depuis transféré à Gand.

8° *Aglaé*-Charlotte-Marie, princesse de BROGLIE, née au château de Broglie le 23 octobre 1772, † à Paris le 12 août 1846. Elle épousa à Paris, le 16 juin 1788, Hugues-François-*Casimir*, marquis de MURAT de l'ESTANG, né à Grenoble le 11 décembre 1762, † à Paris le 16 juin 1843, fils de Louis-Victor de Murat, marquis de l'Estang, président à mortier au Parlement de Grenoble, et de Marie de Valernod. Il suivit la carrière des armes. Nommé second sous-lieutenant au régiment du Roy infanterie le 21 avril 1778, il était lieutenant en premier en 1789, lorsqu'il suivit son beau-père, le maréchal de Broglie, en émigration. Nommé colonel à la suite du régiment de Beauvoisis le 17 octobre 1791, puis aide-major général d'infanterie à l'armée des princes le 1er juin 1792, il fit les campagnes de 1792, 1794 et 1795. A sa rentrée en France, il fut breveté colonel d'infanterie le 4 février 1815, et fait chevalier de Saint-Louis le 25 décembre de la même année. Le marquis et la marquise de Murat furent tous deux inhumés à Rosnay. — De ce mariage naquirent dix-sept enfants, dont treize moururent en bas âge et quatre seulement vécurent, savoir :

1° Aglaé-*Nathalie*-Henriette de MURAT de l'ESTANG, née à Trèves le 16 novembre 1791, † au château de Moidière (Isère) le 6 août 1847. Elle épousa à Paris, en l'église de Saint-Thomas d'Aquin, le 16 juillet 1821, Laurent-Marie-*Othon* de GUILLET, comte de MOIDIÈRE, veuf de Marie-Gabrielle-Adèle de Monts de Savasse, née au château de Toussieux (Isère) le 28 décembre 1774, † au château de Moidière le 8 novembre 1848, fils de Laurent-Nicolas-Scipion de Guillet, comte de Moidière, et de Marie-Gabrielle-Agathe-Nicole de Révilliasc. Le comte de Moidière avait eu une fille de son premier mariage qui épousa, comme on le verra page 49, le frère de sa seconde femme. — Pas d'enfants de ce second mariage.

2° *Henriette*-Marie-Geneviève de MURAT de l'ESTANG, née à Paris le 4 mars 1804, † au château de Rosnay (Marne) le 18 octobre 1873. Elle épousa à Paris, en l'église de Saint-Thomas d'Aquin, le 5 mai 1832, Charles-André-*Eugène* du HAMEL, chevalier de BRAZAIS, vicomte de BREUIL, né à Reims le 25 novembre 1787, † au château de Rosnay le 2 avril 1870, fils de Charles-André du Hamel, chevalier de Brazais, vicomte de Breuil, capitaine au régiment Dauphin-Cavalerie, chevalier de l'ordre royal et militaire de Saint-Louis, et de Louise-Anne-Gédéon de Sahuguet de Termes. Il suivit la carrière militaire, et débuta en s'engageant en 1807. Il prit part aux guerres de Pologne, d'Espagne et d'Allemagne. A l'avènement de Louis XVIII, il fut attaché à la maison du roi. Exilé pendant les Cent-Jours, il entra après dans les hussards de la garde royale, et y resta jusqu'à la Révolution de 1830, époque à laquelle il donna sa démission, étant lieutenant-colonel, chevalier de l'ordre royal et militaire de Saint-Louis et officier de la Légion d'honneur. A partir de cette époque, le vicomte de Breuil vécut à Rosnay, où il fut nommé membre du conseil général du canton de Ville-en-Tardenois. — De ce mariage naquirent quatre enfants :

1° *Charles*-René-Marie du HAMEL, vicomte de BREUIL, né à Paris le 20 avril 1833. Embrassa la carrière militaire, et à sa sortie de Saint-Cyr, en

1855, fut nommé sous-lieutenant au 8e régiment de hussards. Il fit la guerre d'Italie avec ce régiment et donna sa démission en 1867, au moment de son mariage. Il reprit du service pendant la guerre de 1870-71, fut nommé chef du 3e bataillon de garde mobile de la Marne, qu'il forma, et avec lequel il fit la campagne de l'armée du Nord. Il prit part aux batailles d'Amiens, de Noyelles, de Bapaume et de Saint-Quentin. Il fut fait chevalier de la Légion d'honneur au combat de Pont-Noyelles. Lors de la création de l'armée territoriale, il fut nommé lieutenant-colonel, commandant le 46e régiment territorial d'infanterie, et forma ce régiment, dont le commandement lui fut enlevé en 1880 par le ministre de la guerre, général Farre, quand il fit une hécatombe des officiers connus par leurs sentiments conservateurs. Le vicomte de Breuil épousa à Lyon, le 28 mars 1867, MARIE-THÉRÈSE-*Valentine* DE LA PLAGNE, née à Lyon le 7 février 1844, fille de Pierre-Amédée de la Plagne, et de Marie-Emma de Bellevue.

De ce mariage naquirent :

1° MARIE-*Marguerite*-EUGÉNIE-HENRIETTE DU HAMEL DE BREUIL, née à Lyon le 9 mars 1869

2° *Paul*-CHARLES-MICHEL-JOSEPH-MARIE DU HAMEL DE BREUIL, né à Lyon le 4 avril 1870, † au château de Rosnay le 5 juillet 1871.

3° *Marie*-ANNE-JOSÉPHINE DU HAMEL DE BREUIL, née au château de Rosnay le 16 août 1874

4° *Renée*-HENRIETTE-MICHELINE-MARIE DU HAMEL DE BREUIL, née au château de Rosnay le 14 décembre 1875

V° — *Baron de THIERS.* — *Maréchale de BROGLIE.* — *Marquise de MURAT de l'ESTANG.* — *Vicomtesse de BREUIL.*

2° *Paul*-Hugues-Alexandre-Marie du HAMEL de BREUIL, né à Paris 24 avril 1835, † à Paris le 10 avril 1838.

V° 3° *Eugène*-Alexandre-Henri-Marie du HAMEL de BREUIL, né à Paris 8 avril 1837, † à Paris le 2 février 1838.

V° 4° *Edgard*-Marie-Victor du HAMEL, baron de BREUIL, né à Paris 19 décembre 1839. Il suit la carrière militaire et a été fait chevalier de Légion d'honneur. Il est actuellement officier supérieur au 26e dragons.

IV° 3° *Victor*-Marie-Maurice, marquis de MURAT de l'ESTANG, né à Paris 12 mars 1812, † au château de Moidière (Isère) le 29 septembre 1876. Il épousa château de Moidière, le 6 janvier 1834, Marie-Françoise-*Pauline* de GUILLET MOIDIÈRE, née à Lyon le 6 juillet 1814, † au château de Moidière le 14 mai 187 fille unique de Laurent-Marie-*Othon* de Guillet, comte de Moidière, et de Mar Gabrielle-Adèle de Monts de Savasse, sa première femme (voir page 47). — De mariage naquirent deux filles :

V° *Victor, marquis de MURAT de l'ESTANG.*

1° Marie-Françoise-Aglaé-*Édith* de MURAT de l'ESTANG, née à Lyon 24 novembre 1834, † au château de Moidière le 10 octobre 1885. Elle épou au château de Moidière, le 15 novembre 1859, Henri-Marie-*Armand*, vicom DUGON, né à Dijon le 6 juin 1832, † au château de Moidière le 4 décemb 1888, fils de Nicolas-Louis-Charles, comte Dugon, et de Marie-Antoinet Armande de Moyria-Châtillon. — De ce mariage sont nés quatre enfants :

VI° *Vicomtesse DUGON.*

1° *Charles*-Marie-Armand, vicomte DUGON, né à Lyon le 5 septemb 1862, épousa à Besançon (Doubs), le 29 avril 1891, *Marie-Jeanne*-Juliet de MARECHAL-VEZET, née au château d'Andelarre (Haute-Saône) 6 février 1870, fille de Luc-Marie-Joseph, vicomte de Marechal-Vezet, de Marguerite-Marie-Henriette de Jacquöt d'Andelarre.

De ce mariage naquirent :

VII° *Vicomte DUGON.*

1° Marie-Joseph-*Armand* DUGON, né à Besançon le 24 févr 1892

VII° 2° Jules-Marie-*Henry* DUGON, né à Besançon le 28 janvier 18

VI° 2° Marie-Josèphe-Victorine-*Édith* DUGON, née à Lyon le 2 juillet 18 est fille de la charité dans l'ordre de Saint-Vincent de Paul.

VI° 3° Marie-Josèphe-Henriette-*Marguerite* DUGON, née à Lyon le 2 jui 1864, † à Lyon le 12 avril 1869.

4° MARIE-*Robert*-JOSEPH-ÉLIE DUGON, né au château de Moidière le 9 juin 1870

2° *Aglaé*-LAURENCE-ZOÉ DE MURAT DE L'ESTANG, née à Lyon le 26 novembre 1835. Elle épousa à Paris, le 1er mai 1861, LOUIS-*Jules* NODLER, né le 17 mai 1826, † à Paris le 5 avril 1866, fils de Jean Nodler, officier de cavalerie, et de Jeanne-Josèphe-Madeleine de Lapierre de Pierrefort.

De ce mariage est né un fils :

PAUL-ERNEST-*Henry*, comte NODLER, né à Paris le 17 novembre 1862, épousa à Paris, en l'église de la Madeleine, le 11 août 1892, *Gabrielle*-BERTHE-MARIE-ÉTIENNETTE DULONG DE ROSNAY, née au château de Cannes-Écluse (Seine-et-Marne) le 26 décembre 1871, fille de Étienne, vicomte Dulong de Rosnay, et de Geneviève-Adrienne-Marie de la Rochelambert-Montfort.

4° AUGUSTE-MARIE-*Henry*, comte et actuellement marquis DE MURAT DE L'ESTANG, né à Paris le 29 juin 1815, commandeur de Saint-Grégoire le Grand. Après la mort de son frère, décédé sans héritier mâle, il devint chef du nom et des armes.

9° VICTOR-*Amédée*-MARIE, prince DE BROGLIE, né au château de Broglie le 23 octobre 1772, † au château de Rânes (Orne) le 23 décembre 1851. Il suivit d'abord la carrière des armes, et lorsqu'il quitta le service, il était maréchal de camp, chevalier de l'ordre du Saint-Esprit et commandeur de la Légion d'honneur. Il fut ensuite conseiller d'État et représenta comme député le département de l'Orne en 1816. Il épousa à Paris, en 1801, CHARLOTTE-*Olive*-GENEVIÈVE DE MONTREUIL, née au château de Coulouche en 1773, † à Rânes le 22 juillet 1839. — De ce mariage naquit une fille unique :

AMÉLIE-ANTOINETTE-*Victorine*, princesse DE BROGLIE, née au château de Rânes le 7 août 1802, † à Paris le 24 mai 1855. Elle épousa à Paris, le 18 novembre 1821, CHARLES-*Alphonse*-DÉSIRÉ-EUGÈNE, vicomte et prince, et depuis duc DE BERGHES SAINT-WINOCK, né à Erossmes-Saint-Remy (Belgique) le 4 août 1791, † à Paris le 5 octobre 1864, fils de Marc-François-Désiré-Ghislain, prince de Berghes Saint-Winock, et de Marie-Louise-Agnès de Saint-Blimond. Le duc de Berghes fut brigadier dans les chevau-légers de la garde le 1er juillet 1814. Capitaine commandant au régiment des chasseurs à cheval des Vosges en 1815, et chevalier de la Légion d'hon-

neur le 30 décembre 1815. Il quitta le service en 1823 et fut nommé pair de F[...]
en 1827. — De ce mariage naquit un fils unique :

*Eugène*, vicomte, prince et duc DE BERGHES SAINT-WINOCK, né à [...]
le 11 août 1822, épouse à Paris, le 21 mai 1844, *Gabrielle* BORDÈ[...]
SEILLIÈRES, née à Paris le 20 janvier 1825, fille de Alexandre-François, [...]
Bordères-Seillières, et de Camille-Sophie Gibert.

De ce mariage sont nés deux fils :

1° *Pierre*-EUGÈNE-MARIE, prince DE BERGHES SAINT-WINOCK, [...]
Auteuil, près Paris, le 7 juillet 1846, officier de cavalerie, fut blessé
grièvement à la bataille de Sedan, et mourut des suites de ses bless[...]
à Bruxelles, le 23 octobre 1870.

2° MARIE-FRANÇOIS-RICHARD-*Ghislain*, prince DE BERGHES SA[...]
WINOCK, né à Paris le 23 mai 1849. Ancièn officier supérieu[...]
cavalerie.

3° *Louise*-THÉRÈSE CROZAT DE THIERS, née à Paris (paroisse de Saint-Roch) le 15 oct[...]
1735, épouse à Paris, le 19 avril 1755 (1), *Armand*-LOUIS DE BÉTHUNE, marquis DE BÉTH[...]
ET DE CHABRIS, capitaine de cavalerie dans le régiment de Royal-Roussillon, guidon d[...]
gendarmerie en 1739, colonel général de la cavalerie légère le 23 août 1759, chevalier[...]
ordres du Roy, né le 20 juillet 1711, † après 1792.

Le marquis de Béthune était fils de Louis de Béthune, lieutenant général des armées nav[...]
et de Marie-Thérèse-Paulette de la Combe. Il était veuf de Marie-Edmée de Boulogne, [...]
3 juillet 1753, dont il avait eu deux filles :

A) *Catherine-Pauline*, née le 2 juin 1752, qui épousa, en mai 1770, le *comte de Co*[...]
*Seignelay*, colonel du régiment de Champagne;

B) *Armande-Jeanne-Claude*, née le 29 juin 1753, qui épousa le *comte de Durfort*.

Les enfants d'Armand-Louis, marquis de Béthune, et de sa seconde femme, Louise-Th[...]
Crozat de Thiers, furent :

1° ARMAND-*Louis II*, marquis DE BÉTHUNE-SULLY, né à Paris (paroisse de Saint-[...]
le 20 janvier 1756, colonel de cavalerie, a épousé, le 11 avril 1793, *Marie-Lo*[...]
RICHARDE-CONSTANTINE SCHEIR, fille de M. Scheir, capitaine de cavalerie, et de Made[...]
du Bos de Beauval. — Armand-Louis II est mort après 1820, sans enfants; il est le der[...]
des Béthune, comtes de Selle, marquis de Chabris.

2° *Armand*-LOUIS-JEAN, chevalier DE BÉTHUNE, né à Paris (paroisse de Saint-Roc[...]
30 avril 1757, † jeune et sans alliance.

3° *Armande*-PAULINE-CHARLOTTE DE BÉTHUNE, née à Paris (paroisse de Saint-Roc[...]
18 octobre 1759, † avant 1821, épousa à Paris, le 16 mars 1779, à Saint-Sulpice, *Syl*[...]

---

(1) Le contrat du mariage de haut et puissant seigneur Monseigneur Armand de Béthune, marquis de Béthu[...]
de Chabris, maréchal des camps et armées du Roy, colonel général de la cavalerie légère de France, et de haute et[...]
sante demoiselle Mademoiselle Louise-Thérèse Crozat de Thiers, a été lu au palais de Versailles, en présence[...]
l'agrément du Roy, de la Reine, de Monseigneur le Dauphin, de Madame la Dauphine, de Mesdames de France,[...]
tous les membres de la Famille royale, qui l'ont signé le 19 avril 1755. — Se trouve en l'étude de Me Tourillon, n[...]
à Paris, 19, boulevard Malesherbes,

Nicolas-Henry-Raoul, marquis de GAUCOURT, seigneur de Cluys et de Boesse, en Berry, lieutenant général des armées du Roy, né à Paris en 1755, † à Paris le 7 juin 1821, fils de Mathias-Raoul, comte de Gaucourt, brigadier des armées du Roy, et de Catherine-Henriette de Fieubet. — De ce mariage naquit :

Armande-Henriette-Aglaé de GAUCOURT, née à Paris le 11 septembre 1780, baptisée à Saint-Sulpice, † place Vendôme le 16 décembre 1851, a épousé à Paris Joseph-Marie-Chapelle, vicomte de JUMILHAC, † sans postérité avant 1720, fils de Louis-Jean-Baptiste-Chapelle de Jumilhac, comte de Saint-Jean-Ligoure, et de Marie-Cécile Rouillé.

4° *Armandine*-Louise-Adélaïde de BÉTHUNE, née à Paris (paroisse de Saint-Roch) le 12 novembre 1761, épousa à Paris, le 18 mai 1780, *André*-Joseph-Gaspard-Marie, comte de CASTELLANE-MAJASTRE, fils de Antoine-Henri de Castellane, marquis de Majastre, et de Anne-Marguerite-Alphonsine de Valbelle. — De ce mariage naquirent :

1° *Alphonse*-Armand-Delphin de CASTELLANE, né à Paris, baptisé à Saint-Sulpice le 22 mars 1781, † à Paris (paroisse de Sainte-Marie-Magdeleine la Ville-l'Évêque) le 11 mai 1782.

2° *Louis*-Joseph-Alphonse, comte de CASTELLANE, né à Paris (paroisse de Saint-Roch) le 20 juin 1782, † à Marseille le 23 février 1861, épousa à Paris, en mai 1842, *Sophie*-Léonie-Hubert de VILLOUTREYS, † au château de Fontainieu le 2 avril 1887, fille de Léonard-Charles, comte de Villoutreys, et de Barbe-Rosalie-Josèphe Vanlerberghe. — De ce mariage naquirent deux filles :

1° Jeanne-Henriette-*Hermessinde* de CASTELLANE, née à Paris le 17 août 1845, épousa à Paris, le 21 avril 1863, Marie-*Reimbold*, marquis d'ESTOURMEL, député de la Somme, né à Paris le 16 janvier 1841, fils de Henri, marquis d'Estourmel, et de Blanche de Saint-Simon.

De ce mariage naquirent :

1° *Ghislain* d'ESTOURMEL, né à Paris le 21 avril 1865, † au château des Aygalades (Bouches-du-Rhône) le 9 août 1892.

2° *Jacques* d'ESTOURMEL, né à Paris le 2 mars 1867

3° *Antoine* d'ESTOURMEL, né à Suzanne (Somme) le 4 octobre 1876

2° Marie-Mathilde-*Valentine* de CASTELLANE, née à Paris le 11 novembre 1849, épousa à Paris, le 5 juin 1872, *Henri*-Baudoin-Eugène, marquis de LAMETH, né à Amiens le 25 décembre 1840, fils de Marie-Augustin-Ambroise-Baudoin, marquis de Lameth, et de Félicie-Aldegonde Obert de Thieusies. — Le marquis de Lameth organisa, pendant la guerre de 1870-71, une compagnie de francs-tireurs qui prit une part active à la défense du territoire, et se signala particulièrement pendant le bombardement de Péronne par les Prussiens.

Valentine de Castellane, † au château des Aygalades (Bouches-du-Rhône) le 10 janvier 1883.

De leur mariage est née une fille unique :

Marie DE LAMETH, née à Paris le 2 décembre 1878, † au château de Aygalades (Bouches-du-Rhône) le 6 janvier 1883.

3° *Louise*-HENRIETTE DE CASTELLANE, née à Marseille en 1783, épousa *Antoine*-LÉON-PIERRE DE SAINT-SIMON, marquis DE COURTOMER. La marquise de Courtomer est décédée au couvent des Oiseaux, rue de Sèvres, à Paris, le 12 mai 1867. Sans enfants.

4° *Françoise*-ERNESTINE-HYPPOLITE DE CASTELLANE, née à Paris (paroisse de Saint-Roch) le 7 novembre 1784, † en bas âge.

5° *Armande*-EVERTUME DE CASTELLANE, † à Paris (paroisse de Sainte-Marie-Magdeleine la Ville-l'Évêque) le 9 janvier 1787.

6° *Armande*-PAULINE-MARIE DE CASTELLANE, née à Paris (paroisse de Saint-Sulpice) le 27 juin 1788, † au château de Juigné (Sarthe) le 6 janvier 1833 ; s'est mariée deux fois :

1° Avec le marquis DE CHAMPCENETZ.

2° Le 21 juin 1824, avec *Jacques*-MARIE-ANATOLE LECLERC, marquis DE JUIGNÉ, né à Paris le 27 juillet 1788, † à Paris le 1er avril 1845, fils de Charles-Marie Leclerc, marquis de Juigné, né le 10 mai 1764, † au château de Cauroy (Pas-de-Calais) le 11 janvier 1826, pair de France, colonel de cavalerie, chevalier de l'ordre royal et militaire de Saint-Louis, et de Anne-Éléonore-Eulalie du Floquet de Réals, née le 12 février 1770, † en 1803.

Jacques-Marie-Anatole était aussi veuf lorsqu'il épousa Armande-Pauline. Il avait épousé, le 25 février 1813, Marie-Caroline de Brou, † le 30 octobre 1822. (De ce premier lit un fils, Charles-Marie-Christian, né le 10 mars 1817, † près du Mont-Carmel le 24 novembre 1839, sans alliance.) — De son second mariage naquit :

*Ernest*-CHARLES-LÉON LECLERC, marquis DE JUIGNÉ, né à Paris le 16 avril 1825, † à Paris, 91, rue de l'Université, le 6 juin 1886. Pair de France à sa majorité, refuse le serment. Il épousa à Paris, le 20 mai 1844, sa cousine *Charlotte*-BERNARDINE-AUGUSTE DE PERCIN DE MONTGAILLARD DE LA VALETTE, née à Toulouse le 19 février 1825, fille de Jean-Baptiste-Augustin-Madeleine Percin de Montgaillard, marquis de la Valette, et de Anne-Eulalie-Agathe Leclerc de Juigné.

De ce mariage naquirent deux enfants :

1° CHRISTIAN-ANATOLE-*Henri* LECLERC, marquis DE JUIGNÉ, né à Paris le 8 avril 1845, † à Paris le 11 avril 1893, épouse à Paris, le 20 mai 1867, *Marie*-ELISABETH-ADÈLE-ALIX-ERNESTINE DE TALHOUËT, née à Paris le 15 janvier 1849, fille d'Auguste-Marie-Élisabeth, marquis de Talhouët, ancien ministre des Travaux publics, † au Lude (Sarthe) le 11 mai 1884, et de Sidonie-Léonie Honnorez, † au Lude (Sarthe) le 16 juillet 1892. — Le marquis de Juigné prit du service pendant la guerre contre les Prussiens. Il fut capitaine dans les Mobiles de la Sarthe, commandés par le marquis de Lentilhac, et se distingua particulièrement à la bataille de Coulmiers, où il fut blessé, et à celle de Patay. Il fut décoré de la Légion d'honneur pour sa belle conduite. Il fut ensuite membre du conseil général de la Sarthe.

De ce mariage naquirent :

1° *Anne*-MARIE-LÉONIE LECLERC DE JUIGNÉ, né au Lude (Sarthe) le 16 novembre 1868, épouse à Paris, le 20 mars 1890, *Odon*-OMONT, marquis DE SAINT-CHAMANS, né à Paris le 2 novembre 1863, fils de Henri, marquis de Saint-Chamans, et de Yvonne de Rougé.

2° MARIE-*Madeleine* LECLERC DE JUIGNÉ, née au Lude (Sarthe) le 21 mai 1871

3° *Jacques*-AUGUSTE-MARIE LECLERC DE JUIGNÉ, né à Paris, 135, faubourg Saint-Honoré, le 16 février 1874

2° *Madeleine*-ANNE-MARIE LECLERC DE JUIGNÉ, née à Paris le 8 mai 1847, épouse à Paris, le 4 avril 1866, MARIE-EUGÈNE-PHILIPPE-*Antoine*-BONIFACE, marquis DE CASTELLANE, ancien député du Cantal, né à Paris le 12 mai 1844, fils de Henri, marquis de Castellane, † le 16 octobre 1847, et de Pauline de Talleyrand-Périgord.

De ce mariage sont nés :

1° MARIE-ERNEST-PAUL-BONIFACE DE CASTELLANE, né à Paris le 14 février 1867

2° MARIE-HENRY-BONIFACE JEAN DE CASTELLANE, né à Paris le 24 avril 1868

3° JACQUES-GUSTAVE-BONIFACE DE CASTELLANE, né à Juigné le 24 décembre 1870, † à Rochecotte (Indre-et-Loire) le 19 mai 1876.
4° MARIE-CHARLES-CLAUDE-BONIFACE-STANISLAS DE CASTELLANE, né à Juigné le 15 octobre 1875

---

Degrés : VIIᵉ, VIIᵉ, VIIᵉ, VIᵉ, VIIᵉ, VIIᵉ, VIIᵉ

Baron de THIERS. — Marquise de BÉTHUNE. — Comtesse de CASTELLANE. — Marquise de JUIGNÉ. — Ernest, marquis de JUIGNÉ. — Henri, marquis de JUIGNÉ. — Marquise de CASTELLANE.

# ADRESSES DES PERSONNES FIGURANT DANS LA GÉNÉALOGIE

ACRES DE L'AIGLE (Comtesse Frédéric des) ............ { Château des Avenues, par Compiègne (Oise). / Paris, 46, rue Miromesnil.

ANITCHKOFF (M<sup>r</sup> d') ................................ Moïka, 116, Saint-Pétersbourg (Russie).

BALBIANO-D'ARAMENGO (Comte et Comtesse). .......... Chiéry, province de Turin (Italie).

BARANOFF (M<sup>r</sup> Charles de) ...... ...................... Dôme 36, Reval-Esthonie (Russie).

BARANOFF (M<sup>lle</sup> Marie de) ....................... Dôme 36, Reval-Esthonie (Russie).

BARANOFF (M<sup>r</sup> et M<sup>me</sup> Pierre de) ..................... Dôme 36, Reval-Esthonie (Russie).

BECDELIÈVRE (Comtesse de) ..................... { Château de Boussay, par Preuilly (Indre-et-Loire). / Rue Sully, 5, Nantes (Loire-Inférieure).

BECDELIÈVRE (Comte et Comtesse de) ............. Château de Boussay, par Preuilly (Indre-et-Loire).

BECDELIÈVRE (Vicomte de), Officier au 7<sup>e</sup> Dragons ....... { Actuellement à Lunéville.
BECDELIÈVRE (Vicomtesse de) .......................

BECDELIÈVRE (Alain de), Jésuite ..................... Collège Sainte-Mary, Cantorbury Kent (Angleterre).

BERGHES (Duchesse de) ............................ { Château de Rânes (Orne). / Paris, 35, rue Jean-Goujon.

BOURBON-BUSSET (Comte et Comtesse de) ............. { Château de Busset (Allier). / Moulins, rue de Paris (Allier). / Paris, 9, place du Palais-Bourbon.

BREUIL (Vicomte et Vicomtesse de) . ................. Château de Rosnay, par Jonchery-sur-Vesle (Marne).

BROGLIE (Duc de) ............................... { Château de Broglie (Eure). / Paris, 10, rue de Solférino.

BROGLIE (Abbé, Prince de) ........................ Paris, 5, rue Bernard-Palissy.

BROGLIE (Prince et Princesse de) ..................... { Château de Broglie (Eure). / Paris, 48, rue de la Boëtie.

BROGLIE (Prince A. de), Officier sup<sup>r</sup> au 30<sup>e</sup> rég<sup>t</sup> d'Artillerie. { Château de Chaumont-sur-Loire (Loir-et-Cher).
BROGLIE (Princesse Amédée de) ....................... Paris, 10, rue de Solférino.

BROGLIE (Prince François de), Officier sup<sup>r</sup> au 66<sup>e</sup> de Ligne. { Paris, 41, rue de la Bienfaisance.
BROGLIE (Princesse François de) ...................... Actuellement à Tours.

BROGLIE (Prince Emmanuel de) ........................ { Château de Broglie (Eure). / Paris, 10, rue de Solférino.

BROGLIE-REVEL (Prince de) ......................... { Château de St-Georges, par Aulnay-sur-Odon (Calvados). / Paris, 4, avenue Montaigne.

BROGLIE-REVEL (Prince Charles de), Chartreux ......... Couvent de la G<sup>de</sup>-Chartreuse, St-Laurent-du-Pont (Isère).

BROGLIE-REVEL (Prince G. de), Officier au 6<sup>e</sup> Dragons .. { Actuellement à Évreux.
BROGLIE-REVEL (Princesse Georges de) ..................

BROGLIE-REVEL (Prince et Princesse Raymond de) ....... Château de Vaubadon, par Balleroy (Calvados).

BROGLIE-REVEL (Prince Joseph de), Jésuite... .......... Collège Sainte-Mary, Cantorbury Kent (Angleterre).

BROGLIE-REVEL (Prince et Princesse Louis de) .......... { Château de Vaubadon, par Balleroy (Calvados). / Paris, 72, rue de Varenne.

BROGLIE-REVEL (Prince Octave de) ..................... Château de Vaubadon, par Balleroy (Calvados).

BROGLIE-REVEL (Prince Augustin de), Officier au 8<sup>e</sup> Chasseurs à cheval ............................. { Actuellement à l'École de Guerre, Paris.

BROGLIE-REVEL (Prince Paul de), Jésuite ............... Collège Sainte-Mary, Cantorbury Kent (Angleterre).

CASTELLANE (Marquis et Marquise de) ................. { Château de Rochecotte, par Saint-Patrice (Indre-et-Loire). / Paris, rue Barbet-de-Jouy, 20.

CHABRILLAN (Comte Fortuné de) ..................... { Château de Fontaine-Française (Côte-d'Or). / Paris, 8, rue Christophe-Colomb.

CHABRILLAN (Comte Guillaume de) ..................... { Château de Fontaine-Française (Côte-d'Or) / Paris, 8, rue Christophe-Colomb.

| | |
|---|---|
| CHABRILLAN (Comte Aynard de)...................... | Château de Thugny, près Rethel (Ardennes). |
| CHAMPLOUIS (Baronne Nau de) ..................... | Paris, 167, rue de l'Université. |
| CHASTEL de la HOWARDERIE (Comte et Comtesse du).... | Actuellement à la Légation Belge, à Vienne (Autriche). Bruxelles, 55, rue de Trèves. |
| CETTO (Baron de)...................... | Chât. de Oberlauterbach-Pfeffenhausen-Landshut (Bav<sup>ière</sup>). |
| CETTO (Baron et Baronne Max de)................... | Chât. de Oberlauterbach-Pfeffenhausen-Landshut (Bav<sup>ière</sup>). |
| CLÉRON, Comte d'HAUSSONVILLE (de).................. | Voir Haussonville. |
| CROŸ (Prince Juste de)...................... | Bruxelles, 53, rue de la Loi. |
| CROŸ (Prince Alfred de)...................... | Bruxelles, 53, rue de la Loi. |
| CROŸ (Prince Charles de)...................... | Bruxelles, 53, rue de la Loi. |
| CROŸ (Prince Henry de)...................... | Commissaire de District au Congo. |
| CROŸ (Prince Ferdinand de), Prêtre................. | A Rome. |
| CROŸ (Prince Joseph de)...................... | Officier aux Cuirassiers de Westphalie (Prusse). |
| DADVISARD (Marquis)...................... | Château de Mondouzil, près Toulouse (Gironde). |
| DUGON (Vicomte et Vicomtesse)...................... | Château de Moidière, par la Verpillère (Isère). Besançon, 17, rue Nodier (Doubs). |
| DUGON (Baron)...................... | Château de Moidière, par la Verpillère (Isère). |
| DUREY, Comte de NOINVILLE...................... | Voir Noinville. |
| ESTOURMEL (Marquis et Marquise d')................. | Château de Suzanne, par Bray (Somme). Paris, 21, rue Casimir-Perrier. |
| GANAY (Marquise de)...................... | Château de Tracy, par Tracy-le-Mont (Oise). Paris, 37, rue Jean-Goujon. |
| GAUDIN de VILLAINE (M<sup>r</sup> et M<sup>me</sup>)................ | Voir Villaine. |
| GAUDIN de VILLAINE (M<sup>r</sup> et M<sup>me</sup> Sylvain)............. | Voir Villaine. |
| GIANAZZO de PAMPARATO (Comte et Comtesse).......... | Voir Pamparato. |
| GRAVEREUTH (Comtesse de)...................... | Villa de Brégenz (Autriche). Brannerstrasse, 2, Munich. |
| GROLLIER (Vicomte et Vicomtesse de)................. | Paris, 58, rue de Ponthieu. |
| GUIZE (Baronne de)...................... | Hôtel de Guize, Munich. |
| HAMEL, Vicomte de BREUIL (du)...................... | Voir Breuil. |
| HAUSSONVILLE (Comte et Comtesse d')................. | Château de Gurcy, par Donnemarie (Seine-et-Marne). Paris, 41, rue Saint-Dominique. |
| HELMSTATT (Comte et Comtesse de)................... | Château de Neckarbishofheim, g<sup>d</sup>-duché de Bade (Allem.). |
| HELMSTATT (Comte et Comtesse Raban de)............. | Château de Hauchhausen, par Neckarels, grand-duché de Bade (Allemagne). |
| HELMSTATT (Comte et Comtesse Victor de)............. | Château de Handschusheim, par Heidelberg, grand-duché de Bade (Allemagne). |
| INCISA de CAMERANA (Comte et Comtesse Victor)....... | Frinco d'Asti, province d'Alexandrie (Italie). |
| JUIGNÉ (Marquise de)...................... | Château de Juigné, par Sablé (Sarthe). Paris, 91, rue de l'Université. |
| JUIGNÉ (Marquise Henri de)...................... | Château de Juigné, par Sablé (Sarthe). Paris, 135, rue du Faubourg-Saint-Honoré. |
| KNORRING (M<sup>me</sup> de)...................... | Dôme 36, Reval-Esthonie (Russie). |
| KÖNIGSMARCK (Comte et Comtesse de)................. | Château de Plaue-sur-Havel (Prusse). Château de Kamnitz. En leur hôtel, à Berlin. |
| LAMETH (Marquis de)...................... | Château d'Henencourt, par Warloy (Somme). |
| Le BAULT, Comte de la ROCHECANTIN.................. | Voir Rochecantin. |
| LECLERC, Marquise de JUIGNÉ...................... | Voir Juigné. |
| LUPPÉ (Marquis et Marquise de)...................... | Château de Beaurepaire, par Sainte-Maxence (Oise). Paris, 29, rue Barbet-de-Jouy. |
| MAROIS (Comte et Comtesse Henri Le).................. | Paris, 119, rue de l'Université. Château de Lonray (Orne). |
| MENOU (Marquis et Marquise de)...................... | Paris, 5, rue Jean-Goujon. |
| MENTHON (Comte et Comtesse de)...................... | Château de Menthon, par Annecy (Haute-Savoie). |

MOGES (Comtesse de)............................................ Château de Brou, par Sainte-Maure (Indre-et-Loire).
Paris, 58, rue de Ponthieu.

MOGES (Marquis et Marquise de)............................ Château de Brou, par Sainte-Maure (Indre-et-Loire).
Paris, 58, rue de Ponthieu.

MORETON, Comte de CHABRILLAN (de)................ Voir Chabrillan.
MURAT de l'ESTANG (Marquis de) ......................... Château de Rosnay, par Jonchery-sur-Vesle (Marne).
NAU de CHAMPLOUIS (Baronne)............................. Voir Champlouis.

NICOLAÏ (Baronne Simplicie de), Religieuse ............. Supérieure de la Communauté de la Sainte-Famille.
Délivrande, près Caen (Calvados).

NICOLAÏ (Baronne de)............................................ Spaskaïa, 9, Saint-Pétersbourg (Russie).
NICOLAÏ (Baron Paul de)........................................ Spaskaïa, 9, Saint-Pétersbourg (Russie).
NICOLAÏ (Baron Alexandre de) ............................... Moïka, 28, Saint-Pétersbourg (Russie).

NODLER (M⁽ᵐᵉ⁾)..................................................... Château de Quincieu, par Cremieu (Isère).
Neuilly-sur-Seine, 66, boulevard Maillot.

NODLER (Comte et Comtesse)................................. Château de Quincieu, par Cremieu (Isère).
Neuilly-sur-Seine, 66, boulevard Maillot.

NOINVILLE (Comte de), Capitaine au 147ᵉ Rég. d'Infanterie. Actuellement à Saint-Mihiel (Meuse).
NOINVILLE (Comtesse de)........................................ Château de Bienfaite, par Orbec (Calvados).
PAHLEN (Comte et Comtesse Constantin de) ............. Alt-Schwarden, ville de Franenbourg (Courlande).
PALLAVICINO de PRIOLA (Marquis et Marquise de)....... Château de Ceva, province de Cuneo (Italie).
PAMPARATO (Comte et Comtesse Octave Gianazzo de)..... Palazzo Pamparato, place San-Carlo, Turin (Italie).
PICOT, Vicomte de VAULOGÉ.................................. Voir Vaulogé.
PIOSSASCO d'AIRASCA (Comtesse)........................... Palazzo Piossasco, Turin (Italie).
PERRONE de SAN MARTINO (Comte)........................ Palazzo Perrone, Turin (Italie).
PERRONE de SAN MARTINO (Comte et Comtesse) ........ Palazzo Perrone, Turin (Italie).
RAFÉLIS SAINT-SAUVEUR (Marquise de).................. Voir Saint-Sauveur.

ROCHECANTIN (Comte et Comtesse de la)................. Château de la Rochecantin, par Beaupréau (Maine-et-Loire).
Paris, 32, avenue Kléber.

SAINTE-ALDEGONDE (Comte et Comtesse Edmond de).... Château de Villequier-Aumont (Aisne).

SAINT-CHAMANS (Marquis et Marquise de) ............... Château de Couvron, par Couvron (Aisne).
Paris, 53, rue de Babylone.

SAINT-SAUVEUR (Marquise de RAFÉLIS)................. Paris, 59, rue Galilée.
SAYN-WITTGENSTEIN BERLEBURG (Pᶜᵉ et Pᶜᵉˢˢᵉ de) ...... Tegernsee (Bavière).
SCHERVACHIDZÉ (Prince et Princesse)................... Tiflis, Caucase (Russie).

SCHÖNBOURG-FORDERGLAUCHAU (Comte et Comtesse de) Château de Wechselbourg, par Leipsig (Saxe).
Glauchau.

SOUTHOFF (Mᵐᵉ de)............................................. Maison Bodisko, Grand-Italianskaïa, 15, Saint-Pétersbourg (Russie).

SOUTHOFF (Mʳ et Mᵐᵉ Michel de) ........................... Via San Spirito, 15, à Florence (Italie).
Perspective de Newski, 46, Saint-Pétersbourg (Russie).

SPŒLBECH de LOUVENJOUL (Vicomte et Vicomtesse de). Bruxelles, 37, boulevard du Régent.
TRAMECOURT (Marquise de)................................... Château de St-Georges, par Aulnay-sur-Odon (Calvados).

URSEL (Duc et Duchesse d')................................... Château d'Hingène, par Puers-Anvers (Belgique).
Bruxelles, Hôtel d'Ursel.

URSEL (Comtesse Henry d')................................... Château d'Hingène, par Puers-Anvers (Belgique).
Bruxelles, Hôtel d'Ursel.

URSEL (Comte Léon-Léopold d')............................. Château d'Hingène, par Puers-Anvers (Belgique).
Bruxelles, Hôtel d'Ursel.

URSEL (Comte et Comtesse Charles d') .................... Château de Grunthuysse, à Ooscamp (Flandre occidentale).
Hôtel du Gouvernement provincial, à Mons (Belgique).

URSEL (Comte Aymard d')..................................... Bruxelles, 25, rue de la Science.

URSEL (Comte et Comtesse Hippolyte d') ................. Château d'Ormignies, Hainaut (Belgique).
Bruxelles, 22, rue du Luxembourg.

URSEL (Comtesse Louis d') ................................... Château de Linterpoot, par Weerde, Brabant (Belgique).
Bruxelles, 44, avenue des Arts.

URSEL (Comtesse **Auguste** d')...........................
Château de Durbuy (Luxembourg belge).
Bruxelles, 26, rue du Marché-aux-Bois.
Paris, Hôtel de Croix, 280, boulevard Saint-Germain.

URSEL (Comte **Adrien** d')..........................
Château de Durbuy (Luxembourg belge).
Bruxelles, 26, rue du Marché-aux-Bois.
Paris, Hôtel de Croix, 280, boulevard Saint-Germain.
Actuellement Attaché d'ambassade à Vienne (Autriche).

VAULOGÉ (Vicomte et Vicomtesse de)...................
Château de Sainte-Suzanne (Mayenne).
Paris, 5, rue Jean-Goujon.

VILLAINE (Mʳ de), Lieutenant-Colonel du 3ᵉ Hussards ....
VILLAINE (Mᵐᵉ de)...........................
Actuellement Commandant en second de l'École de Cavalerie de Saumur.
Chât. du Bois-Ferrand, par Sᵗ-Hilaire-de-Harcouet (Manche).

VILLAINE (Mʳ et Mᵐᵉ **Sylvain** de).......................
Château de Saint-Jean, par Mortain (Manche).

----

34526 — Imprimerie coopérative de Reims (N. Monce, dir.), rue Pluche, 24.